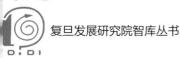

复旦发展研究院智库丛书

历史转折中的中国与美国：

中美友好互信合作计划2016年
文章选编

复旦发展研究院
编

中国社会科学出版社

图书在版编目（CIP）数据

历史转折中的中国与美国：中美友好互信合作计划 2016 年文章选编／
复旦发展研究院编 . —北京：中国社会科学出版社，2017.5
ISBN 978 - 7 - 5203 - 0477 - 1

Ⅰ. ①历…　Ⅱ. ①复…　Ⅲ. ①中美关系—研究　Ⅳ. ①D822.371.2

中国版本图书馆 CIP 数据核字（2017）第 104349 号

出 版 人	赵剑英
责任编辑	王　茵
特约编辑	吕　丞
责任校对	胡新芳
责任印制	王　超

出　　版	中国社会科学出版社
社　　址	北京鼓楼西大街甲 158 号
邮　　编	100720
网　　址	http：//www.csspw.cn
发 行 部	010 - 84083685
门 市 部	010 - 84029450
经　　销	新华书店及其他书店

印刷装订	北京君升印刷有限公司
版　　次	2017 年 5 月第 1 版
印　　次	2017 年 5 月第 1 次印刷

开　　本	710×1000　1/16
印　　张	14
字　　数	181 千字
定　　价	59.00 元

编委会名单

为本书文章做出贡献的人员（排名不分先后）：侯筱辰、韩雯雯、王蕾、白皓臣、成立、崔璨、戴莉、丁晨昀、范佳来、冯杉、宫云牧、鞠昊、陆云轩、李淑芳、吕雪玥、潘宇航、施含宇、孙旖宁、谭扬帆、汤嘉源、唐榕、王丹阳、王汪洁、吴纪远、徐佳唯、余慧艳、张翘楚、余乐涵、张然、张文昵、张莹雪、钟笑楠、周倩茹、朱汉斌

序

　　中美友好互信合作计划，是复旦发展研究院下属的一个研究平台，它的研究重点在于如何增进中美两国人民的相互了解，如何确认中美彼此之间的共同利益以及建立在这个基础上的相互信任，如何建构中美在国际事务，特别是促进两国经济和社会的可持续发展方面的合作。中美友好互信合作计划，也是一个致力于为中美两国的青年学者、学生以及其他各界精英人士提供他们相互间交流的平台。

　　中国国家主席习近平在会见美国新当选总统特朗普时指出，合作是中美两国唯一正确的选择，双方完全能够成为很好的合作伙伴。习主席同时强调，我们有一千条理由把中美关系搞好，没有一条理由把中美关系搞坏。在习主席看来，中美两国存在分歧是正常的，关键是要妥善处理敏感问题，建设性管控分歧。美国方面也对用全局思维、长远眼光和政治智慧思考和处理中美关系表述肯定，同时也愿同中方合作，努力消除影响两国关系的因素和问题，使美中关系实现更大发展，美中关系一定能发展得更好。

　　中美友好互信合作平台，自成立一年多来，集合了国内外的专家学者，尤其是年轻的专家学者和相关社会精英人士就两国关系的重大问题进行相关研究探讨，并发表阶段性的研究成果和相关见解。这些成果和见解，对了解中美关系的现状及其走向有一定的政策制定的参考价值。另外，平台还积极主办或者协办各种论坛，邀请中美学界、财界和政界等各界著名人士面对面会谈，彼此畅所欲言，就两国关系的重大问题展开头脑风暴，发表了许多真知灼见，引起媒体界和其他社会各界的高度关注。平台所做的这些工作，是方方面面，特别是中国有关方面响应中国国家领导人所提出的增进中美两国合作重要指示的多方努力的一个部分。

2016 年恰逢美国大选年，本书所遴选刊印的文章，主要集中在"特朗普现象"所折射的美国国内社会现状与政治问题，以及特朗普当选对中美关系乃至世界格局的影响。而在回顾和整理这些研究结果的过程中，我们也深刻地感受到，即便身处信息化的时代，中美两国之间存在一些刻板印象，由此直面彼此的现实、管控分歧、扩大合作、推进中美关系进一步发展，是何其重要。我们将这些研究成果编辑成册，以飨读者。一来期望读者更多地了解我们的工作，一来期望读者能够多给我们提供宝贵的建议和意见，因为我们非常清楚地认识到，平台的建设和发展，除了我们自身的努力之外，更多地仍要依靠社会各界人士大力的支持和帮助。

该平台，是由复旦大学校友校董，丰实资本董事长卢长祺先生捐资襄助。卢先生长期致力于中美之间的经济和文化合作，相关的实践让他认识到中美两国友好有利于两国的经济和社会发展，有利于两国人民的共同利益。在卢先生看来，中国国家领导人对于中美两国关系的论述，特别是中美作为世界前两大经济体，对维护世界和平稳定、促进全球发展繁荣肩负着特殊重要责任的认识，对于平台的建设有着重要的指导意义。希望平台能够成为中美关系重要的信息收发平台、学术研究平台和文化交流平台。平台也希望同社会各界人士合作，进一步为增进两国的友好互信合作做出一定的贡献。

中美友好互信合作的平台，在复旦大学各部门的支持下，特别是在复旦发展研究院的直接领导下，取得了一些小小的成绩，对此我们对所有支持我们的单位和个人表示衷心的感谢！我们特别要对为平台的建设和发展做出贡献的国内外学者们表示衷心的感谢！我们也要对平台的工作人员们表示衷心的感谢！我们将继续恪尽职守、兢兢业业、精益求精，为建设成为致力于国家建设和发展的一流智库而继续努力。

蒋昌建

2017 年 5 月

目　录

迈入大选：见证特朗普奇迹

2016 年美国总统选举全程解析 ………………………………（3）

八个问题读懂"超级星期二"后
美国大选选情走向 ………………………………（9）

大选前谈特朗普现象及其影响 ………………………………（17）

特朗普现象遭结构性扭曲，若当选说明
美国政治变化 ………………………………（29）

美国制度弊端给极端立场开道 ………………………………（31）

民粹主义的崛起和软实力的式微 ………………………………（34）

种族主义和平民主义：特朗普上位的助推器 ………………（37）

美国的世界大国地位、作用及其走向 ………………………（41）

第七次洗牌：美国两党政治前景预测 ………………………（56）

变革：特朗普当选之后

世界要面对"特朗普变局" ………………………………（63）

民调并不离谱，民主党也未彻底输 ………………………（67）

喧闹过后，特朗普内政外交政策走向何方 ………………（71）

大选之后美国能源政策走向

　　——吴力波教授对话美能源信息署署长 ……………… （79）

全球化、民粹与左右之争

　　——美国大选的管窥与浅思 …………………………… （84）

哈佛教授眼里的美国大选 …………………………………… （92）

特朗普电话门，外媒怎么看？ …………………………… （99）

挂羊头卖狗肉？

　　——特朗普上台后的美国政治 ……………………… （102）

雷克斯·蒂勒森何许人也？

　　——与普京私交甚密的国务卿候选人 ……………… （110）

美联储加息，弱美元的内心戏与

强美元的市场 ……………………………………………… （113）

挑战与机遇：中美关系向何处去

特朗普尚未就任即触碰中美关系红线，

中国如何应对？ ………………………………………… （121）

中国人民的老朋友

　　——美国新任驻华大使特里·布兰斯塔德介绍 ……… （124）

美国对华战略调整的选项：美国智库学者观点综述 ……… （128）

特朗普时代的中美俄关系

　　——俄罗斯视角 ……………………………………… （133）

特朗普能否为美俄关系"重启"打开机会之窗？ ………… （141）

特朗普政策如何影响中国投资者及企业 ………………… （145）

纳瓦罗执掌美国国家贸易委员会，

中美贸易战概率增大 ………………………………… （151）

看淡国际贸易伪命题，变压力为动力，

推进结构改革 ………………………………………… （154）

别了，奥巴马；南海，美国来与不来

奥巴马访问古巴，这是一场怎样的国事访问？ ……………（161）

奥巴马为 TPP 撰文与中美经贸关系（一）

　　——黄河、贺平点评 …………………………………（168）

奥巴马为 TPP 撰文与中美经贸关系（二） ………………（174）

政治遗产 VS 新的布局

　　——解读奥巴马访问越南与日本 ……………………（179）

中美关系：外长吁合作，专家细解读 ……………………（187）

近期南海热点问题 …………………………………………（194）

中美和平共处一百年 ………………………………………（203）

从"香格里拉对话"和"中美战略与经济对话"

　　透视中美博弈 …………………………………………（207）

迈入大选：见证特朗普奇迹

2016 年美国总统选举全程解析[*]

马克·J. 罗泽尔（Mark J. Rozell）

王汪洁　译

一　总统竞选：先分别确定两党候选人，再由两党候选人竞争

近几个月以来，新闻一直在报道总统候选人的提名。总统竞选主要分两个过程：首先是主要政党决定各自的总统和副总统候选人。2016 年夏天，民主党和共和党将分别在其全国代表大会正式选定两党候选人。其次为两党候选人之间的竞争。

二　总统候选人产生于初选和党团会议

目前两党的总统提名均由该党的初选（primary）或者党团会议（caucus）产生。马克提到在 20 世纪 70 年代前，共和党以及民主党的初选或者党团会议都不决定提名总统候选人，基本上是政党领导人控制了代表大会的代表们，最终决定了提名候选人。1970 年以前，几乎只有党派间（inter - party）的民主。经过很长

*　本文根据马克·J. 罗泽尔 2016 年 5 月 24 日在复旦大学国际问题研究院举办的中美新型大国关系高端系列讲座第五讲所整理。

时间，1970 年以后，党内（intra‑party）民主的制度才逐渐建立起来。

三　初选分为开门初选和关门初选

从州到州的提名竞争有两种类型。一类叫作初选（primary），是大多数州的做法，在预选日当天，选民去投票站为自己中意的候选人投票。初选里面有两种，分别是开门初选（open primary）以及关门初选（closed primary）。举例来说，弗吉尼亚州用的就是开门初选模式，在初选日当天，不需要正式注册，就可以选择投票给民主党派的某个候选人，或者投给共和党的候选人一票。而关门初选则是，某些州要求正式注册党员才可以参加投票。例如，纽约州初选日当天，只有正式注册成为民主党成员的人才可以参加民主党的初选，只有正式注册为共和党成员的人才可以参加共和党的初选。相比开门初选的情况，关门初选中的合格选民数量要少很多。

四　党团会议由来已久，但目前
适用该方法的州较少

第二类就是党团会议。党团会议与初选很不一样，有少数州的总统提名过程采用这种方法。党团会议有一套晚间选举的系统，选民们基于他们的意愿来到指定的公开会议场地，在这晚间的几个小时里，召开党团会议。党团会议有一个特殊的规则，第一场党团会议其实就是第一场竞争。在公开会议的场合里，可能有许多候选人，选民按照自己意愿投票。党团会议中表现出色的候选人可能与初选中的候选人不太一样。初选中的选民仅仅是去投票站投票，然后回家；而党团会议则不一样，选民对候选人有责任感，选民将会与家人、朋友、邻居去讨论谁是下一任总统。

五 全国代表大会正式确定提名总统候选人

总统候选人需获得"代表人"中的多数票，从而在党的全国代表大会中获得提名。马克举例说，如果我想在弗吉尼亚州的初选日里投票给希拉里，那么我的投票意愿就会"转移"给某个代表人。代表人将会在夏天去参加民主党的全国代表大会，然后投票给希拉里。每个州代表人的分配会有不同，在数据上说这些州代表团数量是成比例的。共和党初选代表总数2472人，获得50%以上票数即1237票支持的候选人即获得提名。从现在情况来看，特朗普毫无疑问肯定将得到1237票；希拉里也接近迈过提名候选人的门槛；桑德斯还很努力，但他在未来成功获得提名的可能性较小。

党的全国代表大会中大部分代表是在初选或党团会议中投票产生；但也还有一小部分代表的运作沿用的是1970年前的做法。按照民主党的叫法，他们称为"超级代表"。他们多是政治精英，以代表的身份参加全国代表大会。他们有绝对的自由权，可以为任何人投票，不受初选或党团会议结果的约束。初选代表中大概有15%的比例是超级代表，85%的代表在初选或党团会议中产生。希拉里的一大优势在于自大选之初，几乎所有超级代表都支持她，这是桑德斯极大的不足。

党代会持续4天时间，除了最终确定提名候选人，代表人也将会通过竞选纲领。有趣的是，党的纲领、政策并不重要，对任何人而言都没有约束力，只是象征性的。党代会中唯一的"剧情"就是完全由总统候选人决定副总统候选人，数百万人时刻关注着党代会。在大部分选举周期里，总统候选人不宣布自己的副总统候选人，除非知道可以最大化自己的听众，吸引足够多媒体的关注，为竞选获取最大利益。

六 "赢者通吃"制度

在计算总统候选人的选举人选票时，许多州采用"赢者通吃"制度，即赢得普选（popular election）的候选人将获得该州的全部选票。这是特朗普的一大优势，因为共和党有 17 名候选人，而他用了一个对弱势群体很有吸引力的竞选信息，能带给特朗普 25%—35% 的选票，而获得 30% 的选票已经是一个极大胜利。在共和党内部，大多数州采用"赢者通吃"制度，可分配的代表名额都将分配给获得胜利的那一方。特朗普的成功源于众多候选人的退出。

七 总统大选：选举人团制度

第二阶段就是总统大选（general election），美国还没有一套全国通行的选举系统，没有全国性的大众投票来选举总统。即使是普选，也都是从州到州的。每个州都设有一定数量的选举人团（electoral college），选举人团的数量基本上是按照数据的比例来的。全国一共有 538 名选举人，要成为总统必须获得 270 张以上的选举人票，简单多数。

在总统大选中，选举人受到州法的限制，需要投本州普选支持的候选人。最初 1787 年的美国宪法创造了通过选举人团选举总统，选举人团有充分的自主权。制度的创造者都是 18 世纪的共和党人。尽管他们很羡慕理想的民主模式，但他们也害怕那种在民主制度下因激情或者虚假产生的潜在危险，而选举人团则潜在地检验了这种危险。1787 年宪法允许了选举人最终的选择不同于普选结果。这种情况虽很少发生，但严格说来，也有再次发生的可能。过去一个世纪里，共出现过 5 次"不忠的选举人"（faithless elector），他们没有把票投给本州普选支持的候选人。

候选人一定要得到 538 票中的 270 票，否则，决定谁当选美国总统的权力就交给众议院。自 1824 年，这种事情发生过一次。每个州有一票投票权，再由州的代表来投票，获得 50 个州中 26 个州支持的候选人就可以成为总统。

八　红色州和蓝色州之间的对抗，重点在摇摆州

马克认为，接下来最重要的是红色州和蓝色州之间的对抗。选举是从州到州的，并且"赢者通吃"，赢得州普选的候选人将获得该州的全部选举人票。所以总统选举实际上是赢得州的胜利，从而达到 270 张选举人票。红色州传统上支持共和党；蓝色州一般都支持民主党。民主党阵营的州已经有了 257 张选举人票，此外只需一个州就可以达到 270 了。还有白色州，就是所谓的"摇摆州"（swing states），在民主党和共和党阵营里来回转换。弗吉尼亚州很重要，它有 13 张选举人票；拿到这 13 张票，希拉里就可以当选总统了，这就是为什么弗吉尼亚州远比加利福尼亚州重要。

大部分的总统候选人会将重点放在摇摆州，以获得 270 张选举人票。为什么共和党要在俄亥俄州召开党的全国代表大会？因为俄亥俄州是一个关键的州，它决定了摇摆州中选举人票的整体走向。

九　第三方总统候选人对总统大选的影响

第三方参选人的出现对总统大选可能会产生两种影响。第一种就是第三方候选人可能会分化共和党的投票，进而导致民主党在大选中压倒性的胜利，即使民主党并没有获得普选中的多数。例如，1992 年克林顿就是这样。独立候选人的另一套方案是仅仅谋求

10—12 个州的胜利，这样就会赢得 30—40 个选举人票进而威胁到希拉里的得票数。特朗普在摇摆州和希拉里竞争时，就可能双双得不到 270 票，从而由众议院决定总统人选。相较于特朗普的"奇特"，众议院可能更倾向于一个独立的主流的共和党人。在马克看来，这就是第三方独立候选人可能产生的影响。

　　马克认为，美国总统大选日会在 2016 年 11 月 8 日举行，而 2016 年 12 月 17 日则会真正选举产生总统和副总统，2017 年 1 月就可以见证到底是谁入主白宫。

　　　　　　　罗泽尔　乔治梅森大学政策政府与国际关系学院院长

八个问题读懂"超级星期二"后
美国大选选情走向

刁大明

2016 年 3 月 1 日，2016 年美国总统大选迎来了第一个"超级星期二"，民主、共和两党分别在 11 个州中展开初选竞争。就民主党而言，希拉里赢得了 7 个州的胜利，桑德斯也获得了 4 个州的支持；而在共和党，特朗普再次斩获 7 个州，克鲁兹和鲁比奥分别各有 3 个州和 1 个州入账。在全国代表大会代表分配的意义上，民主党人希拉里以 457 个非承诺代表（超级代表）和 599 个承诺代表领先于桑德斯的 22 个非承诺代表和 407 个承诺代表，希拉里的绝对领先的优势得以明朗化。特朗普则以 336 位代表领跑共和党，克鲁兹和鲁比奥分别获得了 234 个和 113 个代表。虽然特朗普的优势得以巩固，但共和党初选仍旧处于混战之中。

一 希拉里已基本锁定提名

"超二"的良好表现，使希拉里巩固了压倒性领先地位，基本上可以判断已锁定提名。但毕竟还有 35 个州尚未初选，希拉里的首要任务仍旧是捍卫提名。当然，在全力继续初选、与桑德斯展开鏖战的同时，希拉里团队也会拿出一部分精力备战大选。在 3 月 1 日"超二"晚间的造势演讲中，希拉里就特别强调这个国家需要更多"爱和善意"，明显意在抨击特朗普的排外立场和煽动性言论。

同时，必须承认的是，邮件门猛于桑德斯。希拉里团队必须要为仍在延烧的邮件门做好充分准备。目前看，邮件门中公开的邮件已经涉嫌泄密，而且出现了与克林顿基金会的海外献金丑闻相关联的发展态势。如果邮件门司法化、希拉里面临被定罪的风险的话，民主党的选情就面临着极大的不确定性。

二　桑德斯还能有什么作为

桑德斯是本次总统大选民主党初选中的最大黑马，他以所谓"反建制派"身份出现，赢得了期待改变的民意的支持。民众将桑德斯视为"反建制派"的理由，即相比于叱咤华府20年的希拉里而言，他的确是一个公众并不了解的新面孔。但事实上，桑德斯是一个具有反建制派面孔的建制派或者华府圈内人。1990年，他就当选了国会众议员，当时还有两年希拉里才会以第一夫人的身份为世人所知。2006年，桑德斯又当选了国会参议员，直到今天，他在国会中已经工作了26年，还曾出任国会参议院退伍军人事务委员会主席和预算委员会首席成员，应该说是政治经验丰富的资深政治人物。

自从20世纪80年代以来，受到所谓"第三条道路"思潮的影响，民主党始终存在着两个主流派别，即所谓的进步民主党人和新民主党人。目前的希拉里基本上属于新民主党人，在经济财政议题上相对温和，而在社会议题上较为自由派倾向；桑德斯虽然在参选国会议员时都是独立人士，但在立场上基本属于进步民主党人中比较极端的立场，即所谓的平民主义派。桑德斯的政策主要关注民众在政治经济意义上的平等，比如特别关注工会利益、向华尔街开战、关注收入公平与教育公平、反对TPP，等等。在目前美国民众有六成对国家发展方向不看好、将经济与就业作为首要议题的情况下，桑德斯的确具有一定市场。

　　基于在"超二"中的表现，桑德斯阻止希拉里甚至战胜希拉里获得提名的可能性已经很低了。但也并不意味着他毫无收获，比如拿下了科罗拉多和俄克拉荷马，说明桑德斯在拉美裔和南方选民群体中并非毫无竞争力。不过，他的落后局面还不足以构成促使其退选的压力，反而桑德斯可能会继续留在初选竞争当中。这样的话，桑德斯可能以所谓"议题候选人"的身份出现，继续推进其平民主义的政策主张，塑造希拉里的竞选。同时，桑德斯的存在，不但可以为民主党初选保留足够的关注度，而且他比希拉里年长六岁，还可以抵消希拉里的老龄缺陷。所以，如果希拉里获得提名并最终入主白宫的话，应该感谢陪跑的桑德斯。

三　希拉里在"超级代表"上的绝对　　领先发挥了关键作用

　　"超二"之后，希拉里得到了457个超级代表的支持，占到所有731位超级代表的62.5%，而桑德斯的数字只有22个。这种悬殊的差距意味着民主党政治精英对希拉里的绝对支持，但同时意味着希拉里获得民主党提名的极大可能性是由于精英支持而非民意倾向。

　　所谓的"超级代表"是指由联邦和各州本党选任官员和政党高层人员出任的不承诺履行民意的参加政党全国代表大会的代表。1972年，民主党率先采取了各个州举行初选的总统候选人提名制度，但最终获得提名的乔治·麦考文因为立场太过极端而酿成了民主党的惨败；1976年民主党提名的卡特虽然赢得了选举，但随后四年因为毫无华府人脉和经验而执政艰难，最终还是无法连任。民主党认为全部依赖民意的初选提名产生的提名人难以令政党精英满意，于是就在1981年决定设置所谓的"超级代表"，强化政党立场的同时，也期待了所谓"同业审查"的效果，其后共和党也有所相仿。通常而言，民主党初选中的超级代表只占据全国代表大会参会代表总数的 15% 左右。比如，2016 年民主党全国代表大会有 4764 位代表，其中 731 位是超级代表。

目前看，希拉里的确已经获得了过半超级代表的支持，但超级代表是可以改变支持的。比如 2008 年希拉里对奥巴马的初选中，希拉里一开始也是得到了绝大多数超级代表的支持，但当奥巴马在民意初选中领先时，很多超级代表就倒戈到奥巴马阵营，更多起到了顺应民意的效果。所以，不能简单从目前超级代表的倾向来确定希拉里相对于桑德斯的胜算。

四 特朗普的胜利如何解读

特朗普的确是一个现象级的参选人，"超二"巩固了他的领先优势，其获得共和党总统提名的可能性已空前激增，这也是令人始料未及的。

客观而言，特朗普作为参选人的确具备着某些独特的优势。其一，由于美国公众对于美国政治经济社会状况的不满，形成了民怨，民意希望非传统政治人物实现切实的改变，两党各自内部也都出现了建制派和反建制派的冲突。也就是在这个大背景下，特朗普作为共和党初选中最大的反建制派出现，吸引了众多期待变革的民众支持。其二，特朗普十分熟悉媒体运作，其本人也算是个媒体人。他在竞选当中经常政治不正确地"口无遮拦"，反而能够吸引选民的眼球、宣泄选民的愤怒。同时，他成功地将媒体对他的指责转化为传统政治精英对民意的打击，从而将负面因素转化为正面的因素。其三，特朗普其实是一个共和党党内各方能够接受的人选。传统意义上讲，共和党大致分为代表商业利益、重商的温和派，以及代表宗教价值观的保守派。特朗普目前的一些言论能够令部分保守派接受，同时他的商人出身也能让重商派满意。特别是在经济与就业仍旧是美国选民的最大期待的今天，特朗普的商业能力也很值得期待。

相对特朗普而言，克鲁兹和鲁比奥则代表着茶党运动发展的两个方向。克鲁兹2012年凭借茶党运动当选国会参议员，但其后明显地顺应了茶党与宗教保守派合流的态势，其政治立场颇为宗教化、意识形态化。即便可以在初选中获得一定支持，但克鲁兹极端宗教化的立场也难以赢得中间选民的选票。鲁比奥在更早的2010年也是借助茶党运动当选了国会参议员，但他的发展路径是被建制派收编，不断融入共和党精英层。虽然在大多数议题上立场务实、被认为最具可选性，但鲁比奥在本次初选中就遭遇了无力整合建制派、无法抵御反建制派的两难困境。

比较之下，特朗普所吸引的支持虽然不乏狂热，但却是"广谱"的。不顾政治正确的"直话直说"或"实话实说"，将美国目前面对的问题形容为"非美国"的因素（比如移民或者所谓的"他者"），混杂着排外主义的所谓民粹倾向，甚至是内向化的孤立主义外交立场，这一系列的言论或思潮总能够在包括宗教保守派甚至是建制派在内的共和党不同选民群体中得到一定的回应，这一态势在"超二"中得到了验证。

五　共和党精英层是否能阻止特朗普

目前看，共和党在特朗普面前是骑虎难下，几乎没有能够阻挡特朗普的良策。比如，共和党全国代表大会的确可以选择强迫各州初选产生的代表不履行民意，转而接受本党精英层的人选，比如鲁比奥。但这样的话，共和党会重蹈1968年民主党全国代表大会不顾及民众意愿导致大选惨败、政党团结瓦解的厄运。同时，被激怒的特朗普也会以独立人士参选，从而极大地分散共和党的选票，客观上帮助民主党上台。

在"超二"当中，克鲁兹赢下的三州中包括其家乡得克萨斯州，从而找到了坚持初选竞争的理由；鲁比奥和卡西奇两人虽然表现不太理想，但至少也要等到3月15日即两人各自的家乡州佛罗里达州和俄亥俄州举行初选之后，再作打算。因而，共和党初选的混战还会延续一段时间。换言之，特朗普可能需要更多的胜利和更多的时间，让共和党精英层接受他最终将获得提名的这个现实。

六　第三方势力会不会参与白宫角逐

特朗普在 2015 年 9 月 3 日曾经与共和党全国委员会有过书面约定，表示会参与共和党初选、谋求共和党提名，无论结果如何，也不会以独立人士或第三党身份参选。但这个书面约定严格讲没有任何法律效力。如果出现特朗普未获提名或者不被共和党全国代表大会承认的极端情况，而且他的白宫梦还没有熄灭的话，他就完全可以独立参选。

关于纽约市前市长布隆伯格参选总统的传闻 2008 年和 2012 年都曾经有过，这次算是第三次了。虽然传闻是他要以独立人士参选，但他在政治理念上从来不是个独立人士，他虽然曾经以共和党身份当选纽约市市长，但基本上是个自由派政治人物，如果参选可能会分散一部分民主党选票。但他在两党之间摇摆的状态很容易被选民认为是投机主义者，所以未必能得到足够多的支持。

无论是特朗普还是布隆伯格，如果作为第三方参选的话，都还有两个月的准备时间。因为作为第三方参选，要让自己的名字印在选票上，比如按照各州的最后期限凑够一定数量的选民签名支持。目前看，第一个时间节点是 5 月 9 日得克萨斯州的 8 万个签名，再下来是 6 月 9 日北卡罗来纳州的 9 万个签名，而大部分州的截止时间都在 8、9 月份。所以，基本上应该在 5 月之前，我们就很清楚谁将成为那个半路杀出的程咬金了。

七　本次大选与以往有何不同

2016 年大选才刚刚开始，还有 8 个月的时间进一步观察。但就目前的一些情况看，可能有如下两个明显的特点。

其一，这次选举中，两党各自内部都出现了明显的分裂趋势，即建制派与反建制派的对抗状态。桑德斯和特朗普在各自党内的这种强势存在也就是这种趋势的表现。但事实上，这种趋势至少可以追溯到 2008 年金融危机前后，因为目前美国政坛上最成功的建制派其实坐在白宫里，正是奥巴马本人掀起了这种非传统政治人物利用民众不满、承诺变更从而当选的战略，而本次选举只是将这种讨论发展到了极致。

其二，这次选举中，高龄参选人似乎更受欢迎，比如 69 岁的希拉里、75 岁的桑德斯或者 70 岁的特朗普。无论是希拉里还是桑德斯获得民主党提名，都将是民主党建党 188 年以来最高龄的总统候选人；而如果特朗普或者桑德斯当选总统的话，都要刷新里根 69 岁首次当选总统的历史纪录。通常而言，老龄候选人意味着经验丰富与睿智，年轻候选人代表着新鲜和改变。但目前，桑德斯和特朗普不但因为高龄而睿智，而且对普通民众而言又是具有改革期待的政治新人。这种奇妙组合的参选人可能为美国选举政治带来不同的生态。

八　如果最终是希拉里与特朗普
对决，谁能当选

这个问题很难回答，特别是在这么特别的 2016 年。最少从目前多个民调综合观察，希拉里的胜算会更大一些。如果在大选阶段，选民可以彻底回归理性，通盘考虑总统人选的各种标准的话，特朗普的确可能未必会如今天这样势不可当。

但问题在于，特朗普的强势出现就是美国国内民众的不安、焦躁与愤怒导致的。美国政治极化、衰败，经济缓慢复苏，但选民无感而无奈，社会矛盾加深、种族冲突不断、中产阶级空前萎缩，民众对国家发展方向不满。如果这种民意情绪无法得到平息，一直延烧到大选阶段的话，矛头就会直指最大的"建制派"希拉里，进而特朗普也就并非没有机会了。但真若如此的话，当选了的特朗普就要从利用、煽动民怨，转向正面解决民怨了，这将是对他、对美国的真正考验。

刁大明　中国社会科学院美国研究所助理研究员

大选前谈特朗普现象及其影响

董少新

一　如何概括特朗普现象

在民主党、共和党开始党内初选，特别是共和党初选时，有十几个候选人，他们在社交媒体和传统媒体上展开激烈的角逐，但特朗普很快就异军突起。

这次选举非常的精彩，关注度史无前例，据说注册投票的人数也是破纪录的，这是一个现象，而这个现象可能很大程度上要归功于特朗普，而不是希拉里。

大体上归纳一下"特朗普现象"，就是在大多数人都不看好他的情况下，在党内初选的过程中，把对手一个一个地淘汰出局，从15个共和党参选人中异军突起，脱颖而出。首先，特朗普最强硬的对手就是泰德·克鲁兹，还有卡西奇。这两位候选人最后在印第安纳州时，希望联合起来，做一个水墙（waterfall）赢过特朗普。结果特朗普却在印第安纳州大胜，这一胜利奠定了他获得党内提名的基础，特朗普赢得党内提名已无悬念。

其次，在和希拉里的整个大选竞争中，虽然从民调上看特朗普处于劣势，在主流媒体上也处于劣势，但是劣势并不是那么明显，比人们的预期要好。之前人们认为高高在上的希拉里赢得大选是板上钉钉的事情，现在希拉里却受到了极大的挑战，所以结果仍然很难说。虽然各种官方民调都显示特朗普处于微弱的劣势之中，但是最近几天，特朗普的支持率又在逐渐提高。在大选如此临近的关头，对希拉里来说这是一个非常危险的信号。

最后，竞选集会。谈到竞选集会，特朗普的足迹几乎遍布大半个美国，他每天都有 2—3 场集会演讲，人数往往过两万人，很多地方的演讲场地要么是足球场，要么是机场，速度很快，特朗普下了飞机后直接上讲台演讲。反观希拉里的集会，往往只有 2000 人，甚至前几天，她的竞选搭档蒂姆·凯恩的竞选集会只有 30 人前往。你很难想象那种悲凉的景象：订了一个很宽阔的场地，很多竞选标志都贴好了，却只有 30 个人前往，这说明了什么问题？能说去特朗普集会的就都是看热闹的吗？如果从现场的效果来看，就会对各种各样的民调结果产生怀疑。他们俩的集会人数之间存在 10 倍甚至是 20 倍的差别，这种现象是需要我们去解释和反思。

二　特朗普现象的产生有哪些原因

为什么会这样？是什么原因导致特朗普的迅速崛起？为什么特朗普引起了这么大的反响，在不被看好的情况下赢得了这么多的支持？下面从三个方面来解释特朗普现象。

1. 从全球化的潮流角度去解释

特朗普现象是全球化进程中的一次回潮和反思。特朗普所代表的党派是共和党，也叫保守党，他提出的很多政见，和民主党这样一个相对来说比较左派、强调自由的政党是相对抗的。他之所以那么受欢迎，可能的原因之一是在全球化进程中，美国得到的利益并没有所期待的全球化能够带来的好处那么多。在这种情况下，提出一些反思和修正，走向一定程度上的保守，会在一部分民众中受到欢迎。

首先，在这个回潮中，特朗普强调了边境的重要性，主要是南部的边境，也包括空港、海港，但是基本不包括北部边境。特朗普的一个口号就是"没有了边境，我们就没有一个完整的国家"。相反地，希拉里在边境问题上几乎是完全开放的，这非常危险。大家都可以感觉到，无论全球化到了什么程度，在当下国界仍然是很重要的，所以特朗普要"造墙"，而且他要让墨西哥出钱修这堵墙。

在南部边境建墙主要是基于两点考虑，一是移民，二是毒品。他认为美国大量的毒品都是从南边入境的，很多美国的年轻人遭到了毒品的危害，而美国的现金则大量流出。这的确是现实，所以特朗普提出要造一堵边境墙，并得到了美国边境巡逻队的支持和背书。此外，与边境相关的就是移民问题。移民问题现在真的是非常糟糕。移民问题作为一个全球化问题，每一个国家都可能会面临，尤其是欧美。欧美在历史上长期占有殖民地，尽管这些殖民地都纷纷独立了，但是它们与宗主国还存在着千丝万缕的关联，包括文化、语言等其他方面的关联。而且现在更大的问题是，大量的移民来自中东，是穆斯林，伊斯兰文化和欧洲的基督教文化是有一定冲突的。现在欧洲为了移民问题可以说是焦头烂额，德国总理默克尔的支持率在不断地下降，英国和法国也面临同样的境况。所以特朗普在本次选举中大打移民牌，抨击奥巴马和希拉里的移民政策。在竞选过程中，美国国内发生了数起恐怖袭击，以及多次非法移民的刑事案件，有的非法移民已经被驱逐了5次甚至8次以上，还再次返回美国从事犯罪活动。这些事件被报道出来，不断地印证了非法移民确实是一个很大的问题。特朗普提出要严控非法移民，他认为非法移民是不公平的，因为这会影响那些通过正常移民渠道进入美国的移民。另外一边，希拉里的移民主张和奥巴马是一脉相承的，她要增加移民，叙利亚移民可能要增加550%，这在普通老百姓看来，就变成了对自己国家的威胁，恐怖分子可能会出现在自己的周围。从这个方面而言，特朗普的政策会引起很多人的共鸣。

　　其次，贸易。特朗普是一个商人，他出版了一本畅销书——《谈判的艺术》（*The Art of the Deal*）。他反对自由贸易协定，最主要是反对克林顿总统签署的北美自由贸易协定。他认为，从他掌握的数据来看，自从签订了这一协定之后，美国就失去了大量的工作机会和工厂，很多工厂搬到墨西哥去了。他认为自己是一个自由贸易者，但是要签订一些好的自由贸易协定，而不是坏的贸易协定。特朗普说如果他上台，就要重新考虑北美自贸协定，如果无法签订好的协定的话，就退出这些协定，再一个国家、一个国家地签订协定。特朗普极力反对 TPP，若他上台的话肯定会退出谈判。特朗普的口号是"让美国再次伟大""美国优先"，他要把美国放在第一位，所有的政策都优先考虑美国。这一系列自由贸易协定，造成的最大问题就是工作机会的减少，这也是特朗普竞选的关键点：把工作带回来，把美国带回来。另一个则是汇率，特朗普一直指控中国操纵汇率。他认为自从中国进入世贸组织后，美国的失业率上升，失去的工作和企业也非常多，他从自由贸易的反面去思考，想把全球化的潮流往回拉一拉。

　　最后，美国的国际角色。在相当长的时间里，美国扮演着国际警察的角色。特朗普说，他从一开始就反对伊拉克战争，不要派兵去伊拉克，不要把萨达姆拿下，不要推翻利比亚卡扎菲政权，现在更不要推翻叙利亚巴沙尔政权，这些虽然都是独裁政府，他也不喜欢，但是他们同样都打击恐怖分子。把这些独裁者拿下后，权力会有真空，这就给了恐怖分子生长的缝隙。所以他批评克林顿政府实际上是 ISIS 的创造者，因为伊拉克打完了，美军撤出来后就形成了一个权力的真空，"伊斯兰国"就是这样形成的，而且他们现在已经分布在 28 个国家，这是很恐怖的事。美国一直充当着国际警察的角色，结果美国得到了什么？除了甩出去的大量美金，美国得到了"伊斯兰国"。另外，特朗普认为北约过时了。北约是第二次世界大战时用以对付苏联的，并没有反恐的功能。在特朗普这番言论后不久，北约就设立了反恐部门。特朗普另外一个反对北约的原因就是建制问题，北约的会费不公平，美国从来都承担了绝大部分的会费。按照当年的规定，每个国家都应该承担 GDP 的 2%。但是大部分成员国根本没达到。他从商人的角度来看，认为每个成员国应该承担各自的公平的份额。而且，特朗普认为，美国并不富有，却要保护日本、韩国甚至沙特这样的富有国家。要保护可以，但这些国家必须付足够的钱。特朗普的这一思想在美国传统的国际政治思维领域可谓破天荒的，但对特朗普而言，这些都是常识。

以上特朗普的这些观点都是对全球化潮流的一种反思，而这种反思或许是体现了美国相当一部分人的观点，存在这样的民意基础与现实让特朗普去进行反思，从而他的观点得到了那么多人的支持。

2. 从美国国内的现实情况的角度来解释

很多人把社会撕裂怪罪于特朗普，实际上特朗普也是社会撕裂的受害者。社会撕裂并不是特朗普制造的，而是原来就存在的。现在我们来分析一下美国国内的情况。

第一，经济。前不久刚刚公布，美国的 GDP 增长率是 1%，这是美国从二战以后从未有过的。特朗普认为，奥巴马总统执政的整个八年，经济都是处于低增长状态；希拉里方面则认为奥巴马总统接手的摊子本来就很差，又刚好赶上了 2008 年金融危机。特朗普提出，在他上台以后，GDP 增长要超过 4%。

第二，就业率。奥巴马公布的就业率似乎还可以（失业率只有 5%），但特朗普认为这是虚假的，有很多长期没有工作的人不被考虑在内。人们的直观感受也是工作机会越来越少，无工作的人越来越多。特朗普能够引起人们更多的共鸣。经济方面还包括贸易，特朗普认为，经济之所以低迷，就是因为大量的贸易协定没有做好，他要签订好的贸易协定。

第三，最高法院。近期美国最高法院的斯卡利亚大法官去世了，需要任命新的大法官。这件事情可能不为我们所重视，但是在美国人看来，这是非常重要的，因为最高法院是维护宪法的，宪法是美国的立国之本。因此在这个位置上，任命谁，任命几个人，在美国人看来是非常关键的。特朗普很早就列出了任命者的名单，并且得到了很多人的认可，但是希拉里迟迟没有给出具体的名单。这恐怕会成为希拉里和特朗普角逐的一个重要方面。特朗普在竞选过程中一直捍卫并强调的就是第二宪法修正案，这是美国公民的持枪权。希拉里希望可以限制持枪权，特朗普则认为这对宪法赋予美国人的持枪权构成了威胁，因此特朗普很早便获得了美国步枪协会的支持。

第四，税收与社保。希拉里强调提高富人税率，特朗普则是要全面减税，或许相比减税更重要的是简化报税交税的手续。美国的这一手续非常烦琐，甚至需要雇用税务方面的专业人士才能解决问题，这对小企业的发展影响很大，增加了很多负担，使他们为交税事宜而焦头烂额，因此简化手续似乎很具有吸引力。另一个特朗普每次演讲都会提到的重要方面是，他认为奥巴马的社保体系是不可持续的，让政府一家来承担社保的费用压力太大，还是应该回归市场。最近有数据表明美国公民社保的年保费在2017年会增加22%，这对特朗普是一个很有利的数字。在美国的现实情况是，很多人一辈子都用不上社保，却交了大量的钱。所以除了少部分得利的穷人反对，大部分民众都是支持特朗普这一政策的。

第五，基础建设。在奥巴马执政的八年间，美国的国债翻了一倍，由原来的10万亿美元增加到现在的20万亿美元的天文数字。举债虽多，但是美国国内的基建却没有任何改变，钱没有用在刀刃上。事实上，美国很需要基础建设。特朗普说，从西亚、东亚回到美国，像来到一个第三世界国家一样，机场破旧不堪，铁路老旧。特朗普扬言，没有人比他更懂建设，因为他本人即是很有名的房地产巨擘，所以在基建问题上特朗普的政策也得到了一部分人的支持。

第六，老兵问题。这也是特朗普受欢迎的一个焦点。海湾战争、阿富汗战争等美国所发动的战争都给美国造成了很多老兵问题，现在每天都有二十几个老兵因为抑郁问题、生活得不到保障、无法就医而自杀，特朗普认为现在政府对待老兵还不如对待非法移民好，而美国的爱国主义宣传是很强的，很多人都认为应该好好为老兵服务，但现实并非如此。特朗普认为，如果到公立医疗机构就医需要排队的话，就让政府埋单，让老兵去不需要排队的私立医疗机构就医。他还发起为老兵的捐款，等等。

第七，教育问题也不可回避。在教育制度上，美国实行"共同核心"的教育理念，这是一种严格的从幼儿园到高中的教育质量要求。在特朗普看来，这是失败的，没有因材施教，大量的教育资源是浪费的，政府为每个人都花了更多的钱，但是教育水平却非常低。他认为应该取消"共同核心"的教育理念，把教育本地化，这也是被很多人支持的。

第八，美国国内最大的现实问题还是腐败问题。这是令人始料未及的。从美国大选的角度来看，美国的体制性腐败可能是存在的并且还很严重。特朗普作为一个商人，是政治的局外人，又是在这个体系中的，因为他作为商人，肯定要和政客打交道。所以他是懂得这一套的，比如政治献金、捐款等。但是他也意识到这个体系是有问题的，是腐败的。包括竞选体制、包括美国运作的体制，比如说希拉里收取了大量的华尔街的钱、伊斯兰国家的钱，这里面肯定有问题。特朗普塑造了希拉里是这个腐败体制中腐败代表的形象，随着维基解密大量爆料的不断出现，希拉里在美国人心中变成了不诚实的、腐败的政客形象。特朗普作为政治的局外人，反对希拉里所代表的这一腐败体制内的既得利益者，号召了很多人来支持，形成一个运动，而他自己则成为这个运动的信息传导者和带头人。特朗普的竞选资金很大一部分是他自己的钱，前期主要是他自己的钱，后期开始吸纳小额捐款。希拉里从来不缺钱，除了小额捐款，还有很多说客、特殊利益集团的资金来源通道。竞选时希拉里做了大量的广告，电视滚动播出她反对特朗普的广告，这些都是需要巨额的资金的；而特朗普则是尽量省着花钱。这些是美国老百姓都看得到的。

所以从国内现实来看，特朗普现象的产生与发展有它的道理。特朗普直接说出了他所洞见的美国社会存在的问题，这也是很有价值的。

3. 从个人魅力的角度来解释

个人"魅力"可能是造成此次选举关注度极高的原因。大家普遍认为，不管这两人谁当选，都是美国历史上名声最差的总统，但是人们的关注度、投票率依然很高，这说明在新媒体时代，美誉度和关注度可能成反比，两个人相互比烂。虽然历任总统竞选都是这样，但是烂到这种程度是从来没有的。

第一，从政经验。希拉里的支持者抨击特朗普没有从政经验，特朗普则反击说希拉里有的经验都是不好的经验。在我看来，特朗普和希拉里的形象，是实干家和政客之间的对比。特朗普攻击希拉里，说她在政坛 30 年，很有执政经验，但其实什么问题都没解决，反而有些事情越来越糟糕，并说希拉里在任纽约州参议员时的承诺都没有兑现，没有什么政绩。特朗普没有从政经验，但这并不意味着他对政治不了解。他管理了一个由他一手打造的商业帝国，创造了大量的工作机会，这些成就如果没有能力的话是做不到的。

第二，健康问题。健康问题不是一个小问题，整个总统竞选过程和将来治理国家都是需要体力的。或许希拉里现在的健康状况还不足以影响她的竞选进程，但是我们可以很明显地看到两位候选人的身体状况的优劣对比。特朗普 70 岁，虽然比希拉里大一岁，但是身体很好，我们可以发现特朗普在全国穿梭，每天做

3—4 场演讲；而希拉里在 "9·11" 事件 15 周年纪念活动上晕倒，表现令人失望，而且在竞选过程中也经常需要休息，显然她的身体状况没有特朗普好。

第三，气质。很多传统的美国人非常在意总统的气质问题。特朗普一直被人家嘲笑没有总统的气质。在党内初选时他的确是个大嘴巴，谩骂得很激烈，但最近他收敛了很多，说话开始注意措辞。希拉里的气质一直都很不错，这也是她一直有很坚定的支持者的重要原因，而且希拉里关注女权问题，在女性选民中的支持率远远高于特朗普。她作为第一个美国总统女候选人，已经创造了历史，如果她当选，那么就更会创造历史。很多人都有这样的情怀：希望有一个美国女总统诞生。但是选总统要看的是能力，不是为了情怀而选举。最近公开的一段特朗普的录音对他的负面影响很大，从来没道歉的他这一次却道歉了。这个录音谈话是一个私人的、男人间的谈话，很多男人在私密情况下都可能会放荡不羁地说一些不太好的话，所以虽然这对他的伤害很大，但这种伤害只是一时的，都会过去。有 11 位站出来控诉特朗普性骚扰的女性，但她们都拿不出任何证据，有的人甚至控诉的是 30 年前的事情，那么为什么现在才站出来呢？这是让人疑惑的。

第四，少数族裔问题。在美国，非洲裔和拉丁裔是人口最多的两大少数族裔，华人人数都不如这两个族裔多。特朗普在黑人中的支持率一度只有 5%，这是很可怕的。他也意识到了这一问题，并开始有意识地去争取这两个少数族裔。最近特朗普在少数族裔中的支持率渐渐提升，他对待少数族裔的方式不是有意地去分割这些族裔，而是同等对待。他说，再怎么重视妇女也好，妇女也需要工作和安全，而他就是要带来工作，重建安全保障，重视法律和社会秩序，他认为这是任何一个公民都需要的。他在演讲中尤其强调奥巴马上台后，虽然他是黑人总统，但是八年来黑人并没有得到什么真正的好处，还是很穷，缺少教育机会。而且，就族裔问题来讲，如果一个多种族的国家形成了有意识地照顾少数族裔的政策的话，那么这种政策仍然是不公平的，反而加深了种族的隔离（在美国，黑人问题是极其敏感的。举一个例子：我在美国访问期间，有一个主题为古地图的中西文化交流展览，其中有一个地图名为《坤舆全图》，是一幅康熙年间来华耶稣会士南怀仁所画的中文世界地图，上面介绍非洲时，讲了一些非洲黑人的文化习俗不好之处，在策展过程中，美国人就认为这涉及种族歧视的问题，险些没能展出。还有一个例子：一个华人农学博士，在一所高校面试，几乎所有条件都满足，但该高校还是没录用她，并私下跟她说，如果她是个黑人，肯定会被录用，因为学校教职员工也有种族比例要求！这样的政策，其本质同样是种族歧视！）。政治运动走向一种极端就会让人生厌。近年美国国内有很多黑人游行示威，口号为"黑人的命重要"，而实际上被黑人打死的白人人数远远高于被白人打死的黑人，难道白人的生命就不重要了吗？所以政治家在解决这一矛盾上的策略必须足够的聪明，不能有意地强行去执行具有歧视意义的倾向性政策，这样反而会加深矛盾。

谈到魅力，不得不说丑闻。特朗普的丑闻主要包括两个：一是不尊重女性，但他的公司高层里有很多女性，他是一个个性很强的人，有的时候这种个性会导致别人误认为他不尊重女性。另一个就是他尚未公布纳税申报单，但相比希拉里可谓罄竹难书的丑闻，如班加西、伊朗核问题、乌克兰问题、叙利亚问题、政治资金来源问题、邮件门问题，等等，这也算不上丑闻。如果以总统的标准来说，特朗普的丑闻是小节，而希拉里·克林顿的丑闻则属于影响国家安全的大问题。虽然希拉里多次攻讦特朗普不尊重女性，但是她的丈夫比尔·克林顿任总统时也曾被爆出与女性的丑闻，与特朗普相比，克林顿是实际行动上的不尊重女性，特朗普只是在说说而已。那些与克林顿有关系的女性甚至还遭到了希拉里的打击，所以她们是站在特朗普这一边的。从事实角度而言，希拉里和特朗普，谁更尊重女性呢？

还有家庭问题。特朗普的家庭堪称完美，他的家教非常的严，从小就要求他的孩子一点点都不要碰烟酒和毒品，特朗普本人就从来不抽烟、不喝酒。他有5个子女，出落得都很漂亮，也都很有能力。家庭观念在美国人心中是非常重要的，无论你是多么伟大的人，如果你对家庭不好，那么大家都会对你抱有看法。特朗普的家庭就非常符合基督教的精神。希拉里与之相比可能要差一点。基督教是美国最重要的宗教，基督教教会方面也是表示支持特朗普。部分因为特朗普目前是共和党候选人，代表一种保守的态度，在某些议题上站在保守派一边，比如说堕胎问题，他就认为这是难以容忍的。我们不要把美国想得太开放，在美国，宗教因素还是很重要的，很多女性是很传统的。所以从气质上来说，他们俩可以说是半斤八两。

三　如果特朗普当选，对中美关系会有怎样的影响

中国应该更早地开始去思考如果特朗普当选该怎么办。中美关系也许不一定会恶化，对此我的总体看法是偏向乐观的。

对中美关系有利的一面：尽管特朗普一直在演讲中抨击中国，但是他反复强调自己不是抨击中国领导人，而是骂本国的领导人太愚蠢，没有签订好的贸易协定。特朗普是一个很务实的人，他认为经济远远大于意识形态；希拉里则强调意识形态，从意识形态上去考虑中美关系。如果特朗普当选，中美关系在意识形态上的阻碍会大大降低，这会让中国感觉轻松很多。或许在未来，中美关系的发展过程中由于意识形态引起的摩擦会少很多，这可能更加有利于中美关系的发展，因为中美关系发展的障碍主要还是在于意识形态部分。

我们购买了大量的美国国债，并且美国需要基础建设，将来美国的基础建设可能是中国公司的发展机遇，因为没有公司比中

国公司更有效率，更有资金。而且我们现在产能过剩，美国是一个巨大的市场，所以这一方面也可以去考虑。

对中美关系不利的一面：中美贸易，或者中国的对外贸易，可能会受到一定程度上的不利影响。将来中美贸易的谈判可能会更有难度，我们应该尽量去降低总统换届对中美贸易的影响。美国本来就是一个巨大的经济体，特朗普当选后更是"美国优先"的理念，这可能会对人民币的地位、中美贸易产生很大的影响。目前很好的是我们已经在努力建立自己的贸易体系，包括"一带一路"倡议，等等。

美俄关系或许有希望彻底摆脱冷战模式。按照特朗普的看法，如果可以和能力很强的俄罗斯一起打击"伊斯兰国"，那么为什么不呢？欧洲也想和俄罗斯维持良好的关系，他们非常依赖俄罗斯的能源。如果可以抛弃传统的意识形态差异，各大国坐下来谈判协商，注重解决经济发展问题，务实做事，何乐而不为呢？

董少新　复旦大学文史研究院研究员

特朗普现象遭结构性扭曲,若当选说明美国政治变化

沈　逸

　　特朗普现象必须受到高度重视。目前我们对美国大选的理解和认识,用于判断的数据和信息是扭曲的。所谓的扭曲来自于不喜欢特朗普的美国媒体和不喜欢特朗普的美国精英正在结构性扭曲和误读特朗普现象,以试图达到阻止其当选的目标。

　　特朗普的施政理念是美国在外交政策上走新孤立主义路线,在全球范围内做收缩,不要承担过多的与美国不直接相关的国际义务,在内部推行新一轮的新重商主义,减税,增强企业活力,减低企业负担,对待少数族裔持相对比较严厉的国内控制政策,在贸易上持相对保守的全球化收缩态度,适度提升美国贸易壁垒。特朗普对其自身的施政理念能够进行较好的表达,这是美国的中产阶层、掌握话语权的自由主义立场的媒体所不愿意承认的。美国总统不需要是一个能干的官僚,而应该是一个战略型的政治领导者角色,需要做的只是决定大方向。

　　对特朗普现象的扭曲是美国国内政治斗争的正常体现,但中国在判断的时候,学者应避免受到这种扭曲的干扰。目前许多中国学者的分析都被教科书以及美国精英的认知框架所误导,在这点上应当尽快地予以纠正。中国对美国选举的观察不能是通过美国媒体来进行的,不能完全相信、借用或照搬美国媒体的判断和结论。我们要尽量克服对美国政治领导人和国内社会结构的刻板

印象，回到现实，这种现实可能与我们对美国所有已知的政治结构和政治知识都是不一样的。当面对这样的现实时，我们要有勇气去承认它，而不是去否定它。

在一定程度上，特朗普代表着美国沉默的大多数。这些群体可能各种优势不明显，可能在美国传统的由精英把持的话语体系中不具备大的影响力，但他们有一个优势，就是人数多。而特朗普有能力动员这批人，他的基本支持面可能在传统的精英媒体做的民意调查结果之外。民调、美国媒体更多反映的是美国精英阶层对特朗普的看法，但必须注意的是美国的精英阶层在美国总人口当中究竟占了多大的比重。

以这次选举来看，希拉里的真正问题在于除了性别优势之外没有什么新的亮点，她没有新鲜感，没有解决美国现存问题的政治魄力，她反映的是传统政治精英的基本态度。

一般意义上美国的民意，就目前而言，特朗普和希拉里之间难分伯仲。不要忘记被特朗普淘汰的十几个美国共和党内部候选人每一个都非常像希拉里。特朗普在共和党内打败了十几个像希拉里一样的候选人，就不能说支持特朗普的只有一小部分没受过教育的中低收入阶层的美国蓝领工人，这可以通过共和党的选民结构看出，也可以从特朗普拿下纽约中看出。

一般来说，如果美国民众对于安全问题的恐慌持续发酵，并且共和党内团结和整合共和党选举资源以支持特朗普的竞选，后续特朗普对希拉里的最后大选结果可能出乎所有人的意料。

美国现在需要的到底是传统官僚继续四平八稳地顺着路子走还是比较根本的革新，这才是这次选举背后真实意义所在。我们常说美国政治的自我调整能力，这种调整的体现就是特朗普的崛起，如果特朗普成功当选，这将说明美国政治结构具有自我更新的能力。

沈　逸　复旦大学国际关系与公共事务学院副教授

美国制度弊端给极端
立场开道*

吴心伯

2016 年的美国总统大选，是一次两党候选人都不受欢迎的选举，是一场现行体制的异见者与维护者之间的对决，更是一幕挑战美国政治正确、冲击社会道德底线的政治秀。这次选举暴露出的种种乱象折射了美国政治制度的深层次弊端。

一　美国共和党初选制度的弊端

美国民主党候选人的提名除了本党一般党员投票外，还有超级代表的投票，这些超级代表多由民主党在国会参众两院的议员、在联邦和州政府任职的官员担任，他们是民主党的精英。民主党设立超级代表制的初衷是为了防止民主党内选出极端的候选人，难以在与共和党的对决中吸引中间选民。但共和党则没有这一制度。于是在美国政治极化加剧、公众对现有体制越来越不满的政治生态下，极端的候选人容易脱颖而出，就像这次特朗普一样。虽然共和党的精英们深知特朗普不靠谱，一些人士也建议在美国共和党全国代表大会上换人，但却缺乏制度手段，最后只能无奈地接受特朗普。共和党初选的制度设计只考虑党内民主，而

---

* 本文转自《人民日报》2016 年 10 月 26 日 03 版。

忽视了协商和制衡，最后反被这种党内民主绑架，这是特朗普参选带给共和党的一大教训。

二　美国两党制的弊端

美国名义上是多党制，实际上是两党制。现有的政治设计使得共和、民主两党能够控制政治资源，轮流坐庄，其他政治力量被边缘化。两党制比多党制政治运作的有序性相对强一些，但蕴含着政治对抗和极化的风险，并且由于排除了其他政治力量的参与，使得在需要对现有政治生态进行改良时，外部力量难以发挥作用。在良好的政治生态下，两党的竞争有底线，这就是要从国家利益的大局出发进行必要的妥协，确保政治机器的正常有效运转。如果政治生态不佳，两党竞争就会突破底线，由竞争走向对抗，降低政治机器运作的效率，并且由于无法借助第三派政治力量进行改革，导致政治生态每况愈下。这次大选的激烈对抗固然是近年来美国政治极化的持续发酵，更重要的是，尽管人们对两党候选人都不满意，但却无可奈何，因为其他参选人，不管是自由党的约翰逊，还是绿党的斯坦，都注定难成气候。所以美国选民与其抱怨两个候选人不堪，更应该抱怨两党制不公。

三　美国选举制度的弊端

美国总统大选最为人诟病的就是金钱与政治的关联。有了钱，才能做广告、搞竞选活动，才能提升人气、争取选票。这就决定了竞选结果表面上是选票，实际上是钞票，民主政治变成了钱主政治。候选人参选首先要解决钱的问题，而一旦当选，则必须回报主要的金主，这种利益输送无疑违背了民主政治的基本原则。美国最高法院在 2010 年的一项裁决中批准企业无限额地提供竞选捐款，使得 2012 年美国总统大选花费总额达到创纪录的

20 亿美元。2016 年的竞选费用将会更高。这意味着钞票对选票的影响更大。

再看美国国会选举。2011 年共和党控制的国会重划国会选区，使得两党各自在一些选区拥有垄断地位，导致其他党派的选民和独立选民无法有效推举他们的民意代表，这实际上是以党派利益剥夺了民众的民主权利。不仅如此，在这种选区制度下，两党内部持极端立场者更容易当选，而这些人当选议员后只会加剧党派斗争和政治极化。

吴心伯 复旦大学国际问题研究院常务副院长，复旦发展研究院副院长

民粹主义的崛起和软实力的式微

周庆安

一个美国民主党候选人应该以什么样的姿态谈论总统选举？

这其实是个愚蠢的问题。但凡稍微了解美国政治的人都知道，尽管解释不通，但维系民主党核心竞争力的是政治上的自由主义价值观、经济上的多元贸易有效税赋等。但是在这次美国总统选举中，这些议题都不那么凸显。与其相反，关于是不是要封闭、有没有向威权低头、谁更愚蠢、谁私德更差这些问题，引领了总统选举的辩论。

我们其实有很多理由解释这次选举的议题变化。比如在长达8年的经济低迷和反复过程中，美国民众的受损害感一直没有得到修复。比如在近两年欧洲的难民危机中，处于欧洲价值体系核心的人道主义和欧洲中心意识不断受到冲击。比如新媒体的崛起和不断爆料，让总统选举这个社会政治的核心活动变得越来越狗血。

这就是特朗普式的民粹主义崛起的核心。其实从历史上看，特朗普不是空前绝后第一人。说到大嘴，我们不妨回顾里根 1980 年参选时的出格言论。说到狗血，我们不妨回顾尼克松水门事件中的窃听。说到环境，我们也不妨回顾 1968 年的欧洲、北美，或者 20 世纪 70 年代的经济危机。当然，新媒体崛起后，短视的一代往往难以从历史中进行比较，但是事实上这次选举所显示出来的问题也非常典型。

特朗普式民粹主义的崛起，不在于其内容，而在于其时机和社会影响力。从时机上看，民粹主义的崛起，根本上是对于现代性进程的一种质疑，是政治经济环境、文化环境和技术环境共同给民粹主义提供了一个自我封闭和排他性的理由。而这个理由的出现，既有基于理想主义的全球化在面对个体崩溃时的博弈，又有技术变革形成的经济社会转型困境。因此，就连知识分子出身的民主党总统奥巴马，也不得不把亚太再平衡、中东撤军归为部分政治遗产，而不全是充满争议的医保改革和经济提振。而特朗普所呼应的社会质疑，究竟会在多大程度上改变美国的政治谱系，使得下一位总统无论是谁，都更向现实主义转变，这其实是观察美国未来政治走向的一个重要问题。这也使得流行于 20 世纪 90 年代甚至 21 世纪初的软实力理论出现了一个不得不修补的窗口。

客观上说，软实力是一个很脆弱的理论。之所以说它脆弱，不是因为这个理论没有起到作用，也不是因为这个理论缺乏范式。而是因为 1991 年，约瑟夫·奈提出这个理论的时机很脆弱。之所以 1991 年软实力理论大行其道，一个非常重要的时间节点就是在西方情报、决策机构和政治理论家们还没有准确判断的情况下，苏联解体了。这就迫使学术界需要复盘寻找到一种解释体系，软实力恰好能够为冷战结束苏联解体提供一种解释原因，并且找到国际关系的历史脉络。

可是为什么软实力不能带来美国和中东关系的缓和？软实力为什么不能吸引极端主义势力的改弦更张？软实力为什么没有给北非难民更持续的耐心？因为软实力本身，是一种基于制度的哲学延伸，是一种制度性优势的文化描述。当制度面对各种冲击不得不进行修正和完善的时候，软实力势必就受到冲击，而维系软实力的一系列制度性议题也会面临被解构的可能。

2016 年，软实力理论的确面对一种祛魅的历史冲击，你在《纸牌屋》里就能看到这种冲击在传媒文化中的兴起。在不同的历史时期，软实力扮演的角色不同。软实力理论的进化，既是国际体系秩序进化的产物，也是各种权力对于现实把控能力增强的产物。而今天，软实力的式微在于，人们在各个场合所讨论的问题往往超出了所能把控和解释的环节。哈贝马斯把这个问题描述为未完成的现代性，但是构建一个有效的公共对话能否真的实现更加清晰和准确的现代社会，至少在这次美国总统选举中我们还没有看清楚。而这个结果，其实是寻找一种更加明确和清晰解释力量的开始。

特伦斯·鲍尔说魏玛共和国之所以没有抵御纳粹，不仅是因为其政治上的软弱，更是因为其哲学上的破产。斯宾格勒说，西方的没落源于文化上的衰落。阿伦特担心的是"看不到希望的悲观"。假如他们说的是真的，那么这场选举就提示我们，在看待这场乖张的美国总统选举背后的哲学性命题时，我们不必义愤填膺，也不可能置身事外，但必须要认真面对那种无助和彷徨。

周庆安　清华大学对外传播研究中心副主任

种族主义和平民主义：特朗普上位的助推器

唐慧云　刘永涛　王　浩

一　种族主义政治潜流影响政治生态，平民主义挑战精英主义

唐慧云：种族主义潜流影响政治生态的具体路径，其中之一是白人的反弹。特朗普的崛起正是因为他已经看到了这种白人的反弹，把握住了美国当前政治社会的潮流，他提出的观点迎合了白人反弹的想法。所以特朗普的支持率比较高，在 2016 年大选中成为一匹黑马。

种族主义潜流影响政治生态的另一具体路径就是狗哨政治，这是一种比较隐讳的方式，强化种族主义政治潜流对大众的影响。美国 20 世纪 60 年代民权运动之后，因为政治正确，为避免显性的种族歧视和种族偏见，精英在选举过程中可用比较隐讳的方式，引导大众，强化了种族主义对大众的影响。狗哨政治对美国 2014 年联邦国会中期选举发挥了很大的影响，共和党利用这种方式大获全胜，后来出现的特朗普现象可以说是共和党自己种下的因。

刘永涛：美国政治最初设立的框架给了老百姓一个机会，投他们所希望的领导人。在此次大选中，正是平民最终抓住了这样一个

机会来挑战精英阶层。而且现在在美国非常普遍的一个现象就是民众对政治极为厌倦，他们希望找一个像特朗普这样从来没有竞选过的、没什么政治经验的纯商人，敢说敢做敢言。美国人必须要有新的领导人，不是再像希拉里这样维持、维护变革的领导人。希拉里的主张都是在现有奥巴马的一系列政策上做修补，而特朗普则是完全颠覆性的。

二　民调与大选结果不符，特朗普现象为美国民主的自我纠错能力提供信号

唐慧云：特朗普在大选中"逆袭"当选，这与美国许多民调机构和学者的预测结果大相径庭，这里涉及一个布莱德利效应的问题。美国洛杉矶市前市长布莱德利在 20 世纪 80 年代两次竞选加州州长一职失败，在选前乃至选后的民调当中，他始终领先对手，但最终投票结果却每每落后。布莱德利效应，指的就是民调的调查对象因为不愿意表现出自己种族歧视的一面，通常会向民意测验撒谎，但是到了真正投票的时候，这些人则会出于白人至上等观念的原因挑选与民调时不同的对象。

研究美国的学者都知道，为什么美国能在短短的时间内成为世界超级大国，很重要的一个原因就是其自我纠错能力。特朗普现象实际上也是为美国社会自我纠错能力提供了一个很大的信号。

三　美国政治面临政党极化挑战，社会力量重组苗头出现

唐慧云：特朗普现象实际上有个发展延续过程，它从 2008 年金融危机开始，一直到现在已经不断发展了 8 年的时间，在这期间政党的极化不断加剧。2014 年美国国会中期选举的时候，共和党就利用种族主义政治潜流大获全胜，而此次大选特朗普现象正是昭示这

一政治潜流已表现出越来越强大的力量。美国的政治光谱也反映出两党的极化：共和党越来越右，民主党越来越左。

王浩：我们基本上达成了一个共识，现在美国的政治极化非常严重。我认为，现在的极化可以认为是两党演绎到了一个阶段，两党都净化选民基础，原来四党相互交错的结构现在变得越来越两极化。其背后的深层原因还是美国经济社会发展变迁，包括制造业的衰落等，地位分明的社会结构从根本上决定了党派极化的局面。

这一次的选举，我们可以将其视为新重组的开始。回顾历史可以发现美国政党每三四十年就会经历一次重组，这次重组苗头就是白人中下层开始倾向共和党。在 70 年代的重组中，包括最近三四十年的极化里，民主党一直在保护中下层的利益，而这次选举当中出现白人中下层倾向共和党的新情况，我认为是一次新的社会力量重组的苗头。现在由于移民问题带来的变化，民主党代表的社会力量开始多元化，党内不同力量之间的内在利益冲突扩大，民主党还在权衡如何支持他们的利益偏好，这是民主党在下一次选举中需要注意的。

四　全球收缩的基本战略和反全球化趋势

刘永涛：把目前美国的国内问题放在一个大的国际背景下面，一个非常重要的因素就是全球化。全球化过程实际上对美国造成很大的冲击，全球化的过程使得美国的制造业开始下滑，美国制造业的下滑使得美国的就业萎缩。现在不仅是在北美，英国等许多传统大国也有反全球化的趋势，而中国目前则恰恰是在走向世界，希望这些发达国家不要奉行各种形式的保护主义。特朗普当选总统之后，他的基本战略是美国的全球收缩，不仅是在军事，在经济等领域也都要开始收缩，这一政策符合目前美国国内的经济发展状况。

唐慧云：实际上在全球化的过程中，对于中国这样的新兴国家，从经济利益角度而言是获利的。所以中国目前并不奉行孤立主义，而是希望和别的国家消除贸易壁垒，实行开放的战略。而对于发达国家的下层人民来说，他们是全球化的受害者，不仅是美国，欧洲在这个问题上甚至比美国更加严重。

在特朗普的支持者中，反全球化不仅是出于经济利益考虑，也有很大文化层面的原因。中下层白人，大部分是比较虔诚的基督教教徒，他们在文化层面对特朗普有更大的认同。在维护传统的生活方式以及盎格鲁—撒克逊文化等问题上，他们抱有一种宗教的信念。

五　移民问题难应对，特朗普移民政策带种族主义倾向

唐慧云：根据我的研究，对于移民问题，美国政府没有很好的应对政策。美国以后对于移民问题的解决方案无外乎以下两种政策：一是严厉捍卫国家边境安全的政策，诸如要修筑所谓的"墙"，阻挡非法入境者。这是一个涉及国家安全的问题，联邦国会也许要增加财政拨款，在边境巡逻方面，提供更多的人力、物力、财力方面的支持。二是疏导政策，诸如如何给予1100万—1200万的非法移民一定的合法化的身份是当前美国国内存在很大争议的问题。奥巴马政府力图给予年轻的非法移民一定合法化身份，但是政策的落实存在诸多挑战。在移民问题上，美国政府的长远考虑是把移民纳入美国经济、社会发展的轨道上去，但是在实践过程中存在诸多问题。

特朗普在移民政策上是充满种族主义倾向的，但我认为特朗普上台之后，对于高层次技术移民不会采取很苛刻的政策，比如说硅谷的技术人员，这方面的工作主要还是华裔和印度裔的移民在支撑。但是对于低层次领域的移民，政策就可能会比较严厉一些。

唐慧云　上海社会科学院国际问题研究所助理研究员
刘永涛　复旦大学美国研究中心教授
王　浩　复旦大学美国研究中心讲师

美国的世界大国地位、作用及其走向*

吴心伯

美国将如何应对面临的诸多挑战？美国的对外战略与政策调整将对 21 世纪的国际政治、中国崛起的外部环境以及中国的国际战略产生何种重大影响？在美国大选年，这无疑是令人关注的议题。

为此，记者就美国世界大国的地位、作用及其发展态势等相关议题专访了复旦大学发展研究院副院长、国际问题研究院常务副院长、美国研究中心主任、博士生导师、著名美国问题专家吴心伯教授。

一　美国走向世界大国的经验与教训

问：举凡大国的兴衰总是受到国际体系变迁的影响和制约，国际体系变迁也反映了大国的兴衰轨迹。美国成为世界大国的历程也反映了彼时国际体系诸多力量的此消彼长。当前，重新审视 20 世纪先后爆发的两次世界大战及其对美国国际地位的影响，是否仍对认识大国崛起之路具有重要的启示意义？

吴心伯：应该说美国成为世界大国是一个渐进的历程，这一历程也显示了国际体系变迁的动力和轨迹，对于认识当下及未来

＊　本文源自《领导文萃》2016 年 10 月下。

的大国兴衰具有一定的启示意义。

　　美国的世界大国地位发轫于第一次世界大战，奠定于第二次世界大战，成型于冷战时期，膨胀于后冷战时代。一战时期，美军介入欧洲战事、威尔逊总统提出十四点和平原则和建立国联的设想象征着美国告别了孤立主义，开始作为一个新兴大国登上世界政治舞台。同时，威尔逊所表达的改良弊端重重的传统国际政治、建立一个公正和平世界的愿望，也表明美国是国际舞台上的一个新型大国，具有比英、法、德等传统大国更加进步的国际政治理念。然而，正如历史发展所揭示的，美国借助一战发挥世界大国作用乃是昙花一现。战后不久，孤立主义卷土重来，美国未能加入其创导成立的国联，也失去了通过这一新的国际机制革新国际政治的机会，两次世界大战期间美国奉行的有限的国际主义大大限制了其在国际事务中的作用。在 20 世纪 30 年代经济危机期间，作为世界最大经济体的美国不愿承担更大的国际责任并引领世界共同走出经济萧条，从而导致了危机的扩大和深化。其后，面对日本军国主义和德国法西斯的侵略行径，美国和英法等国的软弱助长了法西斯的侵略气焰，其结果是二战的全面爆发，美国也在吞下日军偷袭珍珠港的苦果后加入了国际反法西斯阵营。由此可见，一战后美国在世界事务中缺乏大国责任与担当不仅给世界政治、经济和安全带来了严重的消极后果，也使自身蒙受了巨大损失。

　　二战爆发后，罗斯福总统痛定思痛，决心美国不仅要与其他同盟国家一道战胜德日侵略者，更要主导建立新的世界秩序，维护世界和平与安全。在付出二战的沉重代价后，美国终于义无反顾地在世界舞台上发挥大国作用。从积极方面看，美国的作用主要体现在以下三个方面：一是建立了世界性的政治、经济和安全体系，即联合国、世界银行、国际货币基金组织、关税及贸易总协定，等等。这些新的世界政治经济架构深刻和长久地影响了国际政治的走向。二是提出了一系列新的国际政治理念。在 1941

年由美英首脑发表的《大西洋宪章》中，提出了不追求领土扩张、尊重各国人民选择其政府形式的权力、非殖民化、各国平等贸易、广泛开展经济合作等重要原则，发展了威尔逊的理想主义，体现了美国在当时的历史条件下国际政治理念的先进性，奠定了20世纪国际政治规范的基础。三是战后帮助西欧和日本实现经济复兴。虽然美国对西欧和日本的经济支持是在冷战背景下进行的，具有强烈的反苏和地缘政治竞争的色彩，但西欧和日本的经济复兴有利于世界经济从二战的废墟中较快恢复，并在60年代形成美、日、欧三足鼎立的格局。

如果说美国在二战期间和二战结束后不久对其世界地位和作用的看法带有威尔逊理想主义的色彩，具有一定的时代进步意义的话，随着冷战的爆发和加剧，美国的国际行为逐渐异化，越来越具有霸权主义、强权政治的特征，其领导作用越来越多地表现为在全球范围内的侵略扩张。一是国际政治的军事化。二战后美国通过建立庞大的军事同盟体系，在全球范围内设立众多的军事基地，对战略要地和战略资源实施控制从而加速了世界的分裂，加剧了东西方的军事对抗。二是频繁而多样化的对外干预。既包括朝鲜战争、越南战争这样大规模地使用军事力量，也包括更加隐蔽的敌对活动。美国通过"多米诺骨牌理论"之类的逻辑，把世界任何一个地方所发生的事件与美国的利益挂钩，从而为美国的干预找到借口。这些行为严重损害了诸多国家的独立、主权，造成了众多的人道主义灾难。三是罔顾国际道义。在意识形态和地缘政治利益的驱使下，美国以善的名义行恶，长期支持一些腐朽、反动的政权，直接或间接压制、镇压一些国家人民进步的政治抗争运动和正义的民族解放运动，阻碍了这些国家的政治和社会进步、民族独立和统一。美国的这些行为违背了国际道义，也与其促进民主、人权的自我标榜大相径庭。

二　后冷战时代美国全球战略的得与失

问：冷战结束后，美国成为全球唯一的超级大国。其后，在20世纪90年代，美国在国际体系中的相对优势曾一度显著扩大，其主要的经验是什么？

吴心伯：冷战终结，美国不战而胜，迎来了二战结束以来最大的战略机遇期。从加强其世界地位和国际影响力来看，美国在以下方面做得比较成功。

首先是大力推动全球化。冷战终结使世界从二分天下变为一体天下成为可能，这也为美国利益和影响力的全球扩展提供了天赐良机。克林顿政府看到了这一历史性机遇，提出了以"参与和扩展"为特征的国家安全战略，要使美国积极地参与世界事务，发挥领导作用。克林顿政府的这一战略在很大程度上是通过推动全球化来实现的。借助全球化的潮流，美国的政治、经济和文化的影响力空前扩张，令世人觉得全球化就是美国化。客观上看，全球化促进了商品、资金、技术的全球流动，为一些发展中国家带来了良好的发展机遇，而发达国家也拓展了投资和商品市场，收获了丰厚的利润。因此全球化得到了大多数国家的欢迎，被视为后冷战时期最主要的时代潮流。美国既是全球化的引领者，又是全球化的最大受益者，既收获了可观的政治影响力，更收获了巨大的经济利益。

其次是塑造国际机制。在冷战期间，二战后建立的国际机制或因美苏对抗的掣肘而不能顺利运转，或因东西方的分野而受到地域上的限制，国际机制的效用大打折扣。冷战结束消除了这些障碍，国际机制的重要性重新凸显。于是华盛顿挟后冷战时代美国力量与影响力的优势，借助全球化的理念和趋势，积极推动国际机制建设。在这一历史时期，特别是克林顿时期，美国参与建立、制定、补充的国际组织、国际公约、协定，同各国发表双边或多边的联合声明，其数量和所涵盖的地理范围、专门领域，都是国际政治历史上空前的。这一轮的国际机制建设，如同二战后的那一轮一样，广泛嵌入了美国的理念，充分体现了美国的利益偏好，是美国在国际政治、经济、安全领域收获冷战红利的表现。

再次是维持同盟体系。美国在冷战时代建立的庞大的同盟体系，是美国霸权的重要支撑，是美国海外最重要的政治和战略资产，因此，虽然苏联解体了，华约解散了，冷战终结了，但华盛顿无意放弃这笔如此重要的战略资产。在欧洲，北约被赋予新的安全使命，并向东欧和原苏联地区扩展。在亚太地区，美韩、美日、美澳等双边安全同盟均被保留下来，其中美日同盟通过再定义而扩充了其功能，从保卫日本转变为应对西太平洋的安全挑战。当然，随着安全形势的变化，同盟的传统功能在弱化，维系美国与其盟国（特别是欧洲盟国）的纽带不再像冷战时期那样紧密，但美国同盟体系的延续对其在后冷战时代维护和巩固其世界地位、主导世界事务发挥着至关重要的作用。

问：当前，美国对国际安全局势的控制力以及对全球经济发展的带动力均呈现不同程度的下降。由此，美国对其全球主导地位下降的危机感也日益上升。"冰冻三尺，非一日之寒。"冷战后，美国在对外战略方面的失误或偏颇如何为其当下面临的诸多国际政治窘境埋下伏笔？

吴心伯：美国在后冷战时代的对外行为也导致了一系列重大失误，这对美国的国际地位、国际形象和后冷战时代的国际政治都产生了消极的影响。

首先，美国"赢家通吃"的心态和政策滋生地缘政治危机。苏联崩溃、冷战终结在很大程度上是由于苏联内部的原因所导致，换言之，苏联并不是被美国打败的，而是自己打败了自己，但美国政治精英却普遍将美苏竞争的这一结果解读为美国的胜利，并将继承苏联的俄罗斯视为战败国。在这一思维的影响下，以赢家自居的美国一是要充分享受冷战终结的红利，二是要在战略上尽可能削弱俄罗斯使其难以东山再起。这典型地表现在北约东扩上。北约对东欧和原苏联地区的扩张表明美国不仅要将原苏联在东欧的势力范围尽收囊中，而且要对俄罗斯"兵临城下"——将北约的军队和武器部署在俄罗斯边界附近。这给俄罗斯带来的不仅是安全上的威胁，更是政治上的耻辱。作为一个有着悠久的大国历史与大国心态的国家，俄罗斯不可能对此忍气吞声。事实上，北约东扩成为冷战后美俄关系的转折点，莫斯科与华盛顿的关系从冷战后短暂的蜜月期步入合作与对抗的阶段。到了小布什执政时期，美国支持的在独联体国家发生的"和平演变"则是对俄罗斯政治与安全利益的进一步侵蚀，从而加剧了美俄对抗。在美国的步步紧逼面前，俄罗斯开始反击。2008年格鲁吉亚冲突向华盛顿发出了强烈信号；2014年普京出手克里米亚，则是对北约东扩的最强有力的回击。乌克兰危机的爆发和美俄对抗的升级在某种意义上象征着后冷战时代美国对俄政策的失败，它把后冷战时代世界事务中的一个重要伙伴变成了对手，失败的原因主要在于"赢家通吃"的心态和这一心态主导下的贪婪的地缘政治扩张，无视了该地区力量对比和地缘政治的基本现实。

其次，美国发动阿富汗、伊拉克两场战争导致了地区形势的持续动荡及严重的人道主义灾难，并严重耗损美国国力。小布什政府深受新保守主义思潮的影响，迷信美国的力量优势，谋求对外输出其政治制度和价值观。"9·11"事件为小布什政府发动阿富汗、伊拉克战争提供了机遇，但到头来却成了美国在后冷战时代最大的战略败笔。小布什政府在阿富汗不仅要打败塔利班，而且要重建阿富汗，建立一个安全、民主、世俗化的阿富汗政府；在伊拉克不仅要将萨达姆赶下台，还要塑造一个自由和民主的政治与社会秩序。这实际上远远超出了美国的能力。正如基辛格所指出的，在阿富汗的重建工作"带有浓重的理想主义色彩，几乎可以与'二战'后德国和日本的民主建设相提并论"。而在伊拉克，"事实证明，以多元民主取代萨达姆·侯赛因的残暴统治比推翻这个独裁者要困难得多"。不仅如此，美国绕过联合国发动伊拉克战争，充分暴露其单边主义倾向，它不仅疏远了反对入侵伊拉克的盟友，挑战了联合国的权威，更向世人显示出在一个单极或接近单极的世界上，美国会如何滥用其力量优势。而美国为发动伊拉克战争而以虚假情报误导国际社会，美军在伊拉克的虐囚行为更使美国的国际形象备受打击。更为严重和影响深远的是，"'反恐战争'渐渐呈现种族性和宗教性"，加剧了美国与伊斯兰世界的紧张和对抗。总而言之，发动阿富汗、伊拉克两场战争使美国付出了巨大的生命和财富的代价，软实力也严重受损，战略上陷入被动，其消极影响将是长期的。

最后，追求单极世界。冷战结束后，是建立一个平等、合作的国际新秩序，还是建立一个美国霸权主导下的单极世界秩序，是对美国执政者政治智慧的考验。老布什在第一次海湾战争期间提出的"世界新秩序"构想带有大国协调的色彩；克林顿在第一任期谋求建立的则是一种美国领导的以国际机制为依托的秩序；到了克林顿的第二任期，国力的迅速增长强化了美国建立其主导下的单极世界的愿望；小布什政府在2001年入主白宫后，全面奉行"优势战略"主导的国家安全战略，致力于塑造美国治下的和平。2002年推出的《国家安全战略报告》声称："美国在全世界拥有前所未有和无可比拟的实力和影响力。由于我们一贯忠于自由原则和自由社会的价值观，美国的这一地位被赋予独一无二的责任、义务和机会。这个国家的强大实力必须用于促进有利于自由的均势。"从克林顿到小布什，美国大战略的基本目标越来越明确，这就是要建立美国主导下的单极世界，巩固和加强美国的优势地位。克林顿政府为强化其对世界事务的控制力，对欧洲防务一体化表现出强烈反感，对亚洲金融危机期间日本提出的建立亚洲货币基金的设想予以阻止。小布什政府则积极谋求美国的实力尤其是军事实力的优势，并表现出充分运用这种力量优势的强烈意愿，信奉单边主义，强调绝对安全。美国对单极霸权的追求暴露了其霸权性格中自私、狭隘、残暴的一面。特别是在目睹了小布什政府对外政策的所作所为后，世界对"美国治下的和平"更加警惕、更加抗拒。

三　重新定义美国的世界地位与作用

问：自 2007 年美国爆发次贷危机并引发国际金融危机以来，随着新兴大国实力上升、伊斯兰恐怖与极端主义势力泛滥、地缘政治危机频发等国际事态的发展，美国的国际主导地位似乎正经历下行通道。目前，应如何看待这一态势？

吴心伯：对美国的世界地位与作用来说，21 世纪第一个十年与第二个十年之交是一个转折点。一方面，两场战争和一场危机使美国在战略上和经济上遭到重创；另一方面，俄罗斯的战略复兴和中国的战略进取改变了后冷战时代美国在战略上独步天下的局面。在新的形势下，美国必须重新思考其在世界上的地位与作用。毫无疑问，美国的优势地位在下降。这主要是由于美国的力量优势不断缩水、外部挑战越来越复杂。从国际力量变迁方面可以发现以下的发展态势。

首先，军事上，俄罗斯军事力量重振和中国军事现代化的推进削弱了美国的军事优势；经济上，当前美国经济占全球经济总量的 22% 左右，降至二战以来的最低点。其次，美国对国际事务的主导能力在下降。在联合国安理会，近年来中俄两国在一些重大问题上成功否决了美国及其盟友的提案。过去数年中，其他国家在联合国与美国的投票行为不一致的比例在上升，这反映了美国对国际事务的影响力在下降。再次，美国处理外部事务的资源在缩水。在巨额预算赤字的压力下，美国军费削减将是长期趋势。美国对外援助占世界各国援助总额的比例在下降，因为中国和欧洲一些国家提供的援助在增加。对外援助是长期以来美国影响别国和国际事务的主要抓手，现在美国有关的援助项目一减再减。最后，美国的软实力在下降。金融危机重创了美国发展模式的吸引力，国内政治僵局使其政治制度的影响力大打折扣，斯诺登对美国监控全球网络行为的大揭秘更使美国的国际道义形象黯然失色。

问：您的分析确实非常透彻。在力量对比方面，美国的相对优势正在下降。同时，除了力量对比之外，美国是否也面临着更加多元的外部挑战？

吴心伯：与冷战时期或 20 世纪 90 年代相比，现在美国在国际上面临的挑战更加棘手和多元，麻烦越来越多，也越来越难以应对。首先，战略竞争对手发起挑战。俄罗斯的强势战略复兴和中国在经济、战略上的崛起，对美国构成了冷战结束以来最棘手的地缘政治挑战。普京在乌克兰问题上的强势反击令西方尤其是美国措手不及，使此前一直顺风顺水的北约东扩面临巨大阻力。除了有限的经济制裁，美国似乎难以采用其他有效的手段对付俄罗斯。中国的崛起在很长一段时期里主要表现在经济上，美国视之为机会并采取大体积极的态度。然而，随着以习近平为核心的党中央作出的重大历史性选择，中国在战略和安全方面的进取态势愈加突出。近年来，中国不仅在坚定地拓展其战略利益，也在巧妙地把经济资源转化为外交和战略资源，这对美国是个全新的挑战。虽然奥巴马政府在南海问题上不断加大对中国的压力，但迄今为止美国的应对并不成功。其次，美国与伊斯兰世界的矛盾无解。伊斯兰国的崛起是恐怖势力掀起的新一波浪潮，也反映了美国与伊斯兰世界矛盾的长期性。奥巴马政府本来希望通过撤军伊拉克来摆脱这个包袱，但现在看来事与愿违。美国发动阿富汗战争和伊拉克战争，加深了它与伊斯兰世界的矛盾，这个矛盾将长期困扰美国，消耗其资源，分散其精力，并使其外交努力复杂化。再次，美国长期主导的国际机制的治理能力在全面下降。世界贸易组织多哈回合谈判僵局难破，七国集团在世界经济治理中的作用显著下降，世界银行向新兴国家和发展中国家提供贷款的额度被来自中国的贷款超越，国际货币基金组织并没有监测到2008年在美国爆发的金融危机，等等。这表明了美国主导的国际机制的功能在退化，世界需要新的更有效的国际治理机制。

问：在美国面临的外部挑战日益增加的大背景下，美国的世界大国地位确实呈现下降态势。那么美国优势地位的下降是一个周期性的趋势，在经历一段时期的下行之后又会缓慢或快速回升；还是一个结构性趋势，即一些无法克服的因素使得这一趋势在较长时间内难以根本扭转？

吴心伯：我认为目前美国地位的下降是结构性的，就是说美国世界大国地位的下降将是一个长期趋势。之所以做出这一判断，是基于以下理由。

第一，美国经济的内在活力在下降。20世纪后半期的两次美国经济衰退，每次复苏的时间都较快，美国经济总量也都恢复到占世界经济总量的1/3左右，而2008年这次危机复苏所花时间甚长，经济总量也只占世界经济的20%多一点。此外，金融危机以来美国非农生产率年均增长率一直低于1%，远低于1998—2007年的2.8%。美国经济长期增长的前景并不看好。

第二，从国际层面看，20世纪90年代美国力量和地位的大幅提升得益于苏联解体和日本经济泡沫破灭这两大利好，今天放眼世界，不会同时出现对美国重大的战略与经济利好。在西方制裁压力下的俄罗斯不会重演苏联的崩溃，中国经济增长速度即使下降到6%甚至5%，也不会像日本经济那样陷入长期低迷。

第三，由于新兴经济体经济力量的上升，美国正在失去经济超级大国的地位，因为它占世界经济的比重已缩水到20%多一点，在不远的将来要跌破20%，而按照购买力平价，中国经济总量已在2014年超过美国。由于中国的快速发展，美国业已失去了世界最大的制造国和第一货物贸易大国的桂冠。上述变化对美国国际地位的影响是深远的。后冷战时代短暂的单极时刻已经结束，"美国治下的和平"将只会存在于历史记忆中。虽然与其他主要力量中心相比，美国仍享有综合力量优势，但这种优势在逐渐萎缩。冷战结束后美国相对于世界第二大经济体的领先程度一度不断扩大，今天美国与世界第二大经济体的差距则在不断缩小。自二战后登上世界舞台的中心以来，美国当下面临一个全新的身份：既非两极世界中西方阵营的盟主，也非单极世界的唯一霸权，而是多极世界中的"大块头"。就其世界作用而言，美国仍然会在世界事务中发挥重要的领导作用，但其影响力今非昔比，既不能单打独斗，也不能颐指气使，在处理重大的国际问题时，华盛顿将不得不越来越多地依赖其他主要力量中心的合作、协调与责任分担。

问：美国是一个在战略方面自我修复能力很强的国家。面对自身实力地位及外部挑战的变化，美国如何通过自身的战略调整，来应对日益复杂的外部挑战？

吴心伯：美国力量优势和世界地位的变化势必带来国际战略的调整。实际上，这种调整已经在奥巴马执政时期显露出来。奥巴马本人对美国在世界上的作用的看法与小布什有很大不同。他是美国优先论者，主张美国首先要把自己的经济搞好；同时也是国际自由主义者，认为美国在处理世界事务时要充分依靠国际合作。奥巴马执政后即着手推动美国战略的转型，其第一任期内的转型努力主要体现在结束伊拉克、阿富汗这两场战争和实施亚太再平衡战略上，第二任期内对叙利亚化武事件的应对以及通过谈判解决伊朗核问题等举措，凸显了对外战略中"奥巴马主义"的如下特点。

首先，减少对外军事干预。由于认识到美国面临的许多安全挑战包含了外交、经济、文化等因素，难以仅仅用军事手段解决，而是需要平衡和综合地使用各种力量手段来应对，奥巴马政府强调必须"明智、准确和审慎地"使用军事力量，作为解决问题的办法，武力是最后的手段，它在美国对外政策中发挥的是支持而非主导作用。对叙利亚化武事件的处理体现了奥巴马政府对外用兵的新的原则。实际上，对运用军事力量的谨慎态度源于伊拉克和阿富汗两场战争的教训及其所产生的厌战情绪，也与美国的预算压力有关。

其次，充分利用外交手段，包括与盟友和其他大国的合作，来处理国际热点问题。这既是基于成本分析，也符合民主党的外交理念。在伊核问题上，奥巴马政府充分抓住了伊朗新总统鲁哈尼上台所提供的机遇，顶住国内来自保守派和亲以色列势力、国外来自以色列和沙特阿拉伯的压力，坚持在"6+1"框架内就伊核问题达成协议，从而打破了伊核问题上长期存在的僵局。在伊朗核问题上取得的进展意义在于，它不仅证明"奥巴马主义"是行得通的，而且也为推动巴以和谈创造了有利条件。

再次，有选择地介入。美国在海外的实质性介入，无论是军事的还是外交的，都将取决于美国的利益关联度以及解决该问题的预期成本和可行性。奥巴马在2014年发表的国情咨文中表示，他只会在"真正需要"的情况下才会派兵参战，并且不会让美军卷入无底洞式的冲突中。这意味着今后美国只会在有限的地区实质性地投入军事资源。

最后，美国将主要依靠无人机和特种部队打击海外恐怖组织，避免派出大规模地面部队。这既符合奥巴马结束"反恐战争"的政治需要，又能减少美军士兵的伤亡，并且在击毙本·拉登等恐怖分子头目的行动中被证明是行之有效的。虽然无人机打击因造成了不少平民伤亡而受到批评，但奥巴马政府将会继续使用这一手段打击海外恐怖组织。

问：奥巴马总统在任期间，对美国的对外战略进行了诸多影响深远的调整。在奥巴马任期即将结束之际，未来美国的国际战略将何去何从？

吴心伯：对于美国国际战略的未来走向，尽管近年来美国专家学者的辩论莫衷一是，2016年总统大选两党候选人所提出的主张也大相径庭，但美国既不可能回归孤立主义，也不可能重拾全球霸权战略，而是最有可能奉行"有选择的干预战略"。所谓"有选择的干预战略"，根据美国学者罗伯特·阿特（Robert J. Art）的定义，就是"选择对美国最有利的目标，并以最有效的方式利用美国的巨大力量促进这些目标的实现"。该战略谋求维护美国的全球领导地位，主张保留美国在欧洲、东亚和波斯湾的关键性联盟和前沿军事存在，"以帮助塑造这些地区的政治、军事和经济格局"。与此同时，该战略强调，"美国应避免野心过大和过于单边主义的双重错误，也就是说，美国应避免试图做得太多，并且应避免过于单打独斗"。实质上，"有选择的干预战略"认识到美国资源的有限性和世界所面临的挑战的复杂性，更加关注维护对美国重要的利益而非谋求控制世界的权力，追求有限霸权。在目标和手段上，这一战略竭力保持美国的优势地位和重要的海外利益，同时又适应了美国力量优势下降的现实和趋势，赋予决策者较大的灵活性。如果说冷战时期美国建立和巩固其在西方阵营的地位是美国霸权的1.0版本，后冷战时代美国谋求全球单极主导地位是美国霸权的2.0版本的话，"有选择的干预战略"所追求的有限霸权则是美国霸权的3.0版本。从前面对奥巴马对外战略特点的分析来看，美国霸权的3.0版本是奥巴马开启的，并很可能为下一届美国政府（不管是共和党还是民主党）所继承。

四　中国该如何应对

问：在中国的和平发展进程中，美国因素是无法避免而且必须妥善处置的外部变量。如何看待美国大国地位的变迁及其战略调整对中国的影响？

吴心伯：对于处在崛起快通道的中国来说，美国战略调整的趋势既带来了机遇，也蕴含着风险。

从积极方面看，首先，随着美国谋求全球霸权的意愿和能力的下降，美国的决策者或许更能达观地看待多极化背景下中国的崛起，避免完全以零和思维看待中国力量的发展和影响力的扩大。换句话说，中国的崛起将被视为美国面对的诸多挑战之一，而不是美国战略上最主要的威胁。这无疑为中美关系的发展提供了空间。其次，在霸权力不从心的背景下，美国需要更多地借助国际合作来达到其外交政策目标，这些合作既来自盟国以及伙伴国家，也来自主要的力量中心。鉴于中国力量和影响力的上升，无论是地区层面还是全球层面，中国都将是美国越来越借重的对象。这为中国顺势扩大国际影响力提供了机遇，也为中美发展新型大国关系增添了动力。

从消极方面看，由于美国的战略调整是与美国的相对衰落同步的，面对中国力量的快速发展、大国外交的稳步推进和国际影响力的节节攀升，美国可能会产生一种越来越强烈的战略焦虑感，对中国的战略进取以及在力量和影响力上赶超美国感到不安，不仅会加快应对中国崛起的外交、安全和经济布局，而且有时可能会对中方的某些政策行为做出激烈反应，从而严重恶化中美关系。近年来美国强力介入南海问题即是一例。此外，美国对国际事务有选择地介入意味着某些地区的问题和冲突会长期化和扩大化，在中国的利益越来越全球化的背景下，这会影响中国的海外利益，也将迫使中国在外交上越来越多地去应对此类挑战。

问：鉴于美国的对外战略正处于调整进程之中，中国应该如何应对美国对外战略的调整趋势？

吴心伯：这个问题应主要从以下四个方面来加以应对。

首先，在美国国力相对下降、中美力量差距逐步缩小的情况下，对中国来说，重要的是做好对美国的安抚工作，加强与美国的对话、沟通以减少对方的疑虑和猜忌，包括强调中国继续走和平发展道路的决心和与美国发展新型大国关系的意愿。

其次，中国在拓展周边利益、延伸战略触角时要注意把握好时机，并在具体操作上注重"有理、有节"。同时，对于与周边国家的领土和海洋权益争端要创新思维与手段，在有效管控的基础上，实现和平解决。

再次，在亚太地区，中国应积极推进包容性外交，大力提倡与推动地区经济与安全合作，防止美国以"盟友＋伙伴"网络孤立中国，割裂亚太。

最后，在全球层面，中国应凸显中国作为负责任大国的意识和与国际社会合作的意愿，以积极的姿态参与全球问题的处理，使美国切实感到崛起的中国是其在全球事务上的重要伙伴，一个越来越强大的中国是世界繁荣与稳定的重要力量。与此同时，中国也通过积极参与全球治理进程来改变现有的西方主导的全球治理架构，使世界政治经济权力结构更加合理，从而提升中国的国际影响力，更好地维护和促进中国利益。

吴心伯　复旦大学国际问题研究院常务副院长，复旦发展研究院副院长

第七次洗牌：美国两党政治前景预测

光 磊

　　喧闹纷争的美国大选季即将结束，但是 2016 年大选的影响将长期存在。美国政治的观察家们担心此次大选反映的美国选民在政见上的分歧可能在未来几年之内都无法愈合。另一个更为重要的问题是，2016 年大选是否会产生政党重新洗牌或者政党重组（party realignment），从而长期改变美国两大政党的选民基础，使得极端意识形态回归到常规政治。

　　"政党重组"这个术语最初由美国政治学家 V. O. Key 在 1955 年一篇文章中提出，是针对他所说的"关键选举"（critical elections）而言，这些选举"展现了现存选民分裂基础的巨大改变"[1]。他用这个术语来描述美国政治的周期循环：一段时期稳定的选举联盟（electoral coalition）。随着人口结构的改变、一系列新议题的产生，大批选民的意愿发生改变，政党内部发生分歧，最终导致一场"关键选举"，拉开一段新的政治稳定时期的帷幕。总体上来说，美国两党体制趋向保守，所以很多政治学者认为，在常态政治和关键或重组选举之间的混乱与骚动，正是这种保守体制对人们在变革时代的政治诉求的应答。

　　每一次选举或政党重组一般会产生长达 30—40 年的改变。在美国历史上，政治学者至少发现了六次政党重组，最近发生的一次是在 20 世纪 80 年代初，即所谓的"里根革命"（Reagan revolution）。问题是，2016 年大选之后，美国会经历第七次政党重组吗？

　　不同学者对于这个问题有着不同的看法。有的学者认为美国不会迎来第七次政党重组，因为在推动两大党对立的核心问题上，诸如种族、性别、福利、税收政策，两党的基本立场并没有改变。我们再看一下美国选区地图，红蓝相间的版图分布在很大程度上也维持着原先的模样。因此，在 Julia Azari 看来，2016 大选至多"重新校准一些新议题受到关注后的政治方向，但是两大政党的选民阵营基本不受影响"[2]。

　　而很多别的学者不同意她的看法。他们预测美国政治将面临一系列基本层面的改变。我们可以说，美国社会在可以预见的将来将进入一个"非常规政治期"（abnormal politics）。非常规政治的一大特征就是极端的党派性偏见（partisanship）和不稳定的选民联盟。在非常规政治时期，旧有的左派、右派或自由、保守的标签已经不再能够描述两党的派系差别。相反，我们发现右翼政客正在动员传统上是民主党稳定票仓的工人阶层，而民主党的政客则进入深红地带[3]，企图策反主流保守派选民。政客之间激烈竞争，把温和中间派的选民推向两极，对大家熟悉的所谓"中间选民理论"（The medium voter thesis）构成挑战。中间选民理论认为，政客们一般都会向中间靠拢，选择温和将极力拉拢中间派，因为选民在意识形态光谱上呈正态分布。2016 年的选举并非如此，特朗普不遗余力地动员共和党的右翼说明了这一点。

　　也许我们可以这样认为，2016 年的非常规政治是美国选举将发生重大变化的预兆。从民主党方面看，蓝领白人持续不断地流向共和党阵营，他们中的许多人被特朗普的反贸易和反移民政策所诱惑。从共和党方面看，许多比较自由派的利商主义者都被特朗普的粗鄙而吓退，大量传统的共和党成员，包括商界精英和受过高等教育的白人，都站到希拉里一边。过一段时间，两党内部的震荡和混乱也许会平息下去，但与此同时，它可能会导致选民基本面的改变，久而久之，这种基本面的变化会改变两党所代表的利益结构。

单从白人选民在两党之间互换这件事，我们也许无法得出确切的结论，这些变化在数目上会有利于哪个党派？但可以确定的一点是这些变化可以改变两个政党的特性。试想一个萎缩着的工人阶层，现在因为种族的原因分属两个不同的政党。在这种情况下，种族身份认同就会作为一项政治诉求走向台前，而不是经济利益。2016 年，低教育的白人工人没有根据自己的经济利益而投票。相反的，因为特朗普把自己包装成一个白人利益和身份的保护者，他们就将自己的命运与特朗普拴在一起，以期通过他来对抗移民、少数族裔和外国劳工。而对于民主党来说，受到良好教育的职业人士与商界精英大量涌入，必定会使其右倾，从一个倾向劳工阶层的政党转向在经济社会政策上更加中性的政党。

这次的选民重新站队会不会是一时一地的短暂现象？美国政治两极化的原因归根到底是因为特朗普吗？在我看来，这两个问题的答案都是否定的。美国社会在人口、政治和经济层面的变化标志着未来的两党政治将面临重新洗牌。

首先，美国人口结构改变的趋势将有利于民主党，但是也意味着族群政治危机的加剧。许多研究表明美国选民中种族构成从 1988 年开始就朝着有利于民主党的方向发展，到 2016 年，非裔、西班牙裔、亚裔已经占总选民人数的 31%。加上女性、拥有高等学历的白人和年轻选民，民主党将在未来几年内有效地扩大其选民基础。这个趋势早在特朗普涉足政坛前就已经出现，特朗普对女性和少数族裔的攻击则加速了共和党选民的大批离去。与此同时，由于共和党变得越来越倾向于文化保守主义，它将为美国的一部分白人本土主义者（nativists）提供舞台，宣泄其对外国移民、少数族裔甚至建制派精英（Establishment）的不满和抵制。

其次，美国乡村与城市、沿海与内陆、小城镇与大都市等不同地区之间的政治差距在过去 20 年间持续拉大。倾向于自由的地区越发自由，而倾向于保守的地区则越发保守，美国越来越多的郡县持续由一个政党占据绝对优势。这些郡县可以被称作是选票"悬殊郡县"（landslide counties）。也就是说，在这些郡县，要么民主党要么共和党通常会获得20%以上的压倒性胜利，而不是票数接近。据《纽约时报》，美国居住在"悬殊郡县"的选民数量从1992年的38%增加到2012年最近一次总统大选中的50%。[4] 与此同时，一个日益清晰的两党选票版图正在形成，来自乡村、小镇和所谓"旧经济"地区的选民倾向于支持共和党，而那些来自人口稠密、文化多元的都市选民更偏向于支持民主党。随着两党的分野在地理上变得格外清晰，民主党地区变得更蓝，共和党地区变得更红，美国两党对立的极化政治有了区域化的基础。

最后，我们不得不提到经济全球化对美国的政治分歧的强烈影响。在某种意义上，2016年的美国大选既是经济全球化的一个结果，也是影响未来全球化进程的一个重要事件，其重要性可以和英国脱欧相比。在全球化和经济发展这个问题上，谁得益、谁受损，从来就是个政治问题。但是具体来讲，经济全球化如何影响政党政治的两极化，其中的因果关联是个值得深入研究的问题。在最近的一项研究中，圣地亚哥加州大学（UC San Diego）经济学家Gordon Hanson和他的同事们发现，那些受到贸易负面影响的地区更倾向于投票给思想极端的政客。[5] 所以，特朗普作为政客不是特例，他不过是在迎合经济民粹主义者反贸易、反移民的诉求。

上述分析表明，因为美国人口结构的改变以及政治和经济发展的趋势，2016年美国大选所展露的非常态政治极有可能会持续一段时间，这对美国政治体制将是一个考验。即便2016年本身不会成为政党重组的关键选举年，两党选民的互换，尤其是共和党内部的混乱，表明我们也许会看到又一轮的美国政党重新洗牌。

参考文献：

[1] V. O. Key, "A Theory of Critical Elections", *The Journal of Politics*, 1955, Vol. 17, No. 1, p. 4.

[2] Julia Azari, "Trump may bring a Republicanrecalibration, not a realignment", retrieved on October 30, 2016, http：//fivethirtyeight. com/features/trump-may-bring-a-republican-recalibration-not-a-realignment/.

[3] 从 2000 年的选举开始，新闻媒体在地图上开始用蓝色代表民主党，红色代表共和党。

[4] Gregor Aisch, Adam Pearce and Karen Yourish, "How Large Is the Divide Between Red and BlueAmerica?" *New York Times*, November 4, 2016.

[5] Nelson Schwartz and Quoctrung Bui, "Where Jobs Are Squeezed by Chinese Trade, Voters Seek Extremes", *New York Times*, April 25, 2016.

光　磊　圣地亚哥加州大学二十一世纪中国研究中心主任，复旦发展研究院复旦—加州中国研究中心副主任

变革：特朗普当选之后

世界要面对"特朗普变局"[*]

吴心伯

8年前，奥巴马当选第一位美国黑人总统，很多人认为具有历史意义，但这种意义更多是种族关系上的。2016年特朗普作为美国政治体制的外来者问鼎白宫，其意义则是政治和社会层面的。特朗普当初宣布参选总统时被视为"特朗普搅局"，如今竞选获胜，美国和世界都必须面对"特朗普变局"。那么，"特朗普变局"将给美国和世界带来多大变化，这些变化是好是坏？

"特朗普变局"首先表现为美国政治生态的变化。美国政坛向来是民主、共和两党轮流执政，形成一个跨党派的精英阶层，这个阶层携手商业、金融、军工等利益集团和主流媒体，主导了美国的政治生活，因而美国的民主政治也就是精英政治。特朗普这次走大众路线，动员长期被精英排斥的中下层白人，一举翻盘成功，大众政治战胜了精英政治。长期以来美国的党派矛盾掩盖了阶层矛盾，这次特朗普当选显示了阶层矛盾爆发所带来的巨大震撼力，这一"阶层地震"将对未来美国政治格局重组和政治生态变化产生深远影响。

"特朗普变局"也冲击了美国的政治文化。精英政治中的政治人物言谈举止都要合乎一定之规，特别是要注重政治正确和道德标准，而特朗普的种种言行恰恰挑战着这种政治正确，甚至冲

＊ 本文源自《环球时报》2016年11月11日。

击着美国社会的道德底线。那么，究竟是选民因思变心切而容忍了特朗普，抑或"特朗普风"确实预示着美国政治文化的"新潮流"？且让我们拭目以待。

"特朗普变局"更多表现在内政外交的走向上。从内政看，特朗普执政后，首先要做的就是清算奥巴马的政治遗产，而共和党全面控制国会也方便其施展拳脚。在医疗改革问题上，作为奥巴马政治遗产最重要标志的医保法案命运堪忧；在移民政策上，虽然特朗普在竞选中许诺的美墨边境隔离墙未必能建起来，但政策收紧是肯定的；在清洁能源问题上，特朗普势必要给传统能源松绑；对一些有利于少数族裔、弱势群体的社会政策，特朗普很可能基于共和党的传统路线和中下层白人的特殊诉求做出反向调整。凡此种种，意味着特朗普执政后在内政上将有一番大破大立，但如果政策调整力度过大、步子太快，将不可避免引起民主党和其他利益受损群体的强烈反弹，从而加剧美国的政治和社会矛盾。

从外部看"特朗普变局"，我们更关心的是美国外交政策的变化及其影响。虽然特朗普尚未对其外交政策做过系统阐述（很可能他自己也没想清楚），但他在竞选中的一些表态还是给我们的分析提供了有价值的线索。首先，特朗普是"美国优先"的坚定主张者，他的外交理念带有孤立主义色彩。与二战以来的历任美国总统相比，特朗普的世界领导欲不强，他反对美国过多参与世界事务、在海外背上太多包袱，认为美国应将主要精力放在国内。其次，特朗普是经济民族主义者，他关心的是美国的经济利益和福祉，对全球化持负面态度，不满贸易自由化给美国带来的竞争与挑战。再次，特朗普对全球治理和国际合作持怀疑态度，认为有些东西没有必要，比如关于气候变化的《巴黎协定》；有些东西则不可靠，比如一些国际机构。

根据以上线索，可以对特朗普的外交政策走向做出如下展望。

其一，美国会进行适度战略收缩。奥巴马执政期间已汲取小布什政府过度扩张的教训，进行了一定战略收缩，如结束伊拉克、阿富汗两场战争，对海外军事干预采取谨慎态度，但奥巴马的做法也引起一些强硬派的批评，认为他过于软弱。然而现在看来，特朗普有可能比他走得更远。当然，鉴于美国所拥有的重大海外利益，特朗普不可能真正推行孤立主义，他很可能奉行有选择的参与和干预战略，主要着眼于维护美国在欧洲、中东和东亚的传统利益，同时也会要求盟国更多承担安全责任。在多极化背景下，特朗普不试图巩固美国的单极地位，不积极扩张在欧亚的地缘政治利益，并有可能与其他大国如中国、俄罗斯达成某种地缘政治妥协。

其二，在全球化和全球治理问题上踩刹车，甚至开倒车。特朗普将搁置奥巴马积极推动的跨太平洋伙伴关系协定和跨大西洋贸易和投资伙伴关系协定谈判。他还可能像小布什政府退出《京都议定书》那样退出《巴黎协定》。此外，对二十国集团和亚太经合组织等推进全球经济治理和地区贸易与投资自由化的机制，特朗普兴趣索然。

其三，特朗普有可能大幅改善美俄关系。鉴于其战略收缩的基本理念，特朗普对通过北约扩张进一步压缩俄罗斯战略空间兴趣不大，因此将由欧洲伙伴负责处理乌克兰问题，美国参与但不主导，减少直至全面取消对俄制裁，以换取俄在其他方面的合作。如果特朗普执政后首访俄罗斯，我们不应感到意外。

其四，亚太政策淡化奥巴马政府"亚太再平衡"的痕迹。特朗普会继续重视美国在亚太地区的利益，但谋取利益的手段会有变化。经济上对多边安排的兴趣下降，而更多依靠双边安排。战略上既不像奥巴马政府那样积极谋求制衡中国，也不会大力推进与盟友和伙伴的安全合作，而是要求日本、韩国更多负起自身的安全责任。特朗普能否像奥巴马政府计划的那样在 2020 年前后将美国 60% 驻外海空军事力量部署在亚太地区大有疑问，甚至不排除减少美国在西太平洋军事部署的可能性。

其五，对华政策的机遇和挑战。特朗普对华政策的优先考虑是经贸利益。鉴于特朗普重视重振美国的制造业以为美国蓝领工人创造更多就业机会，他会更加看重传统贸易，会更多表现出贸易保护主义倾向，中美经贸摩擦会加剧。另外，特朗普也会欢迎中国扩大对美投资，因为这有助于重振美国的制造业并增加就业，有利于改善美国陈旧的基础设施。特朗普会淡化对华外交的意识形态色彩，也不会与中国在西太平洋强力开展地缘政治竞争，但会警惕中国军事力量发展。中美在亚太地区问题上进行务实合作的机会较多。此外，鉴于共和党一贯的"亲台"倾向，美国与台湾地区关系特别是军事关系的发展值得关注。

吴心伯　复旦大学国际问题研究院常务副院长，复旦发展研究院副院长

民调并不离谱，民主党也未彻底输

戴维·梅修 （David Mayhew）

陆云轩　译

特朗普赢得总统大选的结果不仅震惊了大多数美国民众，在全世界都掀起了不小的波澜。而有趣的是，此前的民调结果几乎一致显示特朗普获选的可能性渺茫，仅《投资者商业日报》（IBD）和《洛杉矶时报》站在了这位不被看好的总统这边。最终的结果对众多民调机构而言无疑是一场灾难性的打击。但假如我们仅从数据分析来看，其实民调并没有错得太离谱，特朗普只是比预期多获得了 3%—4% 的支持率。

无论是从选民的人口分布，还是种族、性别和收入阶层上来看，此次特朗普与希拉里的对抗都与 2012 年奥巴马和罗姆尼的颇为相似。不少民调结果显示，特朗普在非白人种群中的支持率甚至要高于罗姆尼在 2012 年竞选活动最后的成果。但总体而言，2016 年总统大选见证的是一场民主党与共和党之间"传统而典型"的较量。

而在 2012 年与 2016 年这两次总统大选之间两党的优势却发生了明显的变化。鉴于选举人团的运作方式，联邦州的层面的选举结果至关重要。在各个摇摆州中，希拉里以微弱的优势为民主党再次赢下了弗吉尼亚州（逐渐被波多马克河对岸的首都里倾向民主党的气氛所主导）、内华达州（基于拉斯维加斯的经济实力和西语人口的支持，愈来愈像民主党的一个重要据点）和科罗拉多州（州内西语人口和迁入丹佛与圆石市的自由派人士数量逐渐增加）。这些只是民主党过往胜利的重演。但民主党在宾夕法尼亚州、俄亥俄州、爱荷华州、威斯康星州和密歇根州的优势却江河日下——这些联邦州拥有白人多数的群体、式微的制造业和不满的工人阶级。正是由于这些位于"铁锈地带"联邦州的选票投向特朗普，才使得全国性的局势发生了重大扭转。但话说回来，所有这些始于 2012 年的变化并非天翻地覆，其实只要几个百分点的变动就能扳回民主党在铁锈地带各州的优势。但现实中没人能想到特朗普能有这样的表现，要知道，宾夕法尼亚州、威斯康星州和密歇根州一般都被认为是民主党的"安全州"。

　　但美国的选举制度就是这样运作的——特朗普赢下选举人团的多数优势，他就能成为下一任总统。同时我们也看到，希拉里争取到了更多的选票，在普选票（National Popular Vote）的绝对数量上超过了特朗普。尽管普选票并没有实质的法律效用，但民主党可以坚称这是一场道德胜利。在所有票数登记纳入后，希拉里在普选票中的优势或许会进一步增大。事实上，选举中有一部分选票并未在选举当日计入投票结果，其中包括迟达的和临时参与而延迟计入的选票。在 2012 年，有 6% 的选票是在大选日第二天才计入总数的。从 2012 年的统计结果来看，民主党在大选后第二天计票的支持率比大选当日增加 11% 的支持率。然而就算这样的党派优势再度发生，也不能改变特朗普获选总统的事实。

　　选举人团这次是否也对民主党抱有偏见呢？总的来说答案是否定的。自二战以来，统计数据显示民主党与共和党获得优势的次数基本是一半对一半。历次总统大选中，民众的选票与选举人团的选票在两党的拉锯战中几乎均衡地处于中点。然而选举人团和普选票的结果相悖的情况确实时有发生，2000 年小布什与戈尔的竞争中，戈尔就处于相对劣势。如今在特朗普和希拉里的角逐中再度发生，使得民主党两次因此而落败。但正如之前所说的，这种"选举人团偏见"在两边都会发生，在过去的 2004 年、

2008 年和 2012 年的大选中，选举人团就更多地支持了民主党。只是因为这与大众选票的结果一致，因而鲜有人注意罢了。纵观美国历史，这种选举人团和大众选票的分歧在 2016 年、2000 年、1960 年、1888 年和 1876 年都曾发生过。

1960 年，肯尼迪无疑获得了选举人团的优势，但由于当时亚拉巴马州的投票程序混乱，因此很难说他获得了全美普选票优势。1888 年，选举人团选择了共和党而普选票偏向民主党，尽管这可能是由于在南方各州，支持共和党的黑人民众受到了威胁而未能投票所造成。在 1876 年那场混乱的大选中，选举人团支持了共和党而普选票支持了民主党。

这样的结果带给了我们什么呢？据我猜测，民主党人和相关媒体可能会提议废除选举人团。但这需要递交正式的修正案修改宪法，无疑意味着巨大的阻力。在本周的投票中，共和党人赢下了众议院和参议院。尽管对众议院的掌控符合先前预期，但拿下参议院更像是一场出乎意料的胜利。共和党在参议院的优势从 54∶46 降到了 52∶48，但并不妨碍其发挥优势。民主党 2016 年只需争取 10 个参议院席位，而共和党需要争取 24 个，因此这样的结果对共和党而言已经是令人欣慰的了。其中一个很重要的原因在于，当各党派在选举中或多或少形成一定的均衡后，在位者会持续他们的在位优势，想挑战在位的参议院席位十分困难。在共和党的席位中，密苏里州的伯尔和布伦特、佛罗里达州的卢比奥和威斯康星州的约翰逊几位议员此前都被认为处于落选的边缘，但最终成功连任参议员。

总体来看美国两党基本处于均势。从总统选举上看，民主党自 1992 年克林顿当选以来的 7 次大选中，在全民选票数量上取得了 6 次胜利，分别是 1992 年和 1996 年的克林顿，2000 年的戈尔（他比小布什获得了更多的普选票），2008 年和 2012 年的奥巴马，现在 2016 年的希拉里，唯一一次例外是 2004 年共和党的小布什获得了普选票的多数。虽然从结果来看这将近 25 年的时间里民主党都压制住了对手，但差距实际上非常微小。依照美国的选举规定，选民们不仅可以选出总统，每两年也要选出众议院议员席位的归属。而且众议院两年一次的选举结果可以说是截然相反的。

在国家全民投票中当选议员席位的数量上（这里指的是党派间获得选票数量的多数而不是获得席位的多数），共和党在1994年、1996年（不好确定，这一年的选举数据十分混乱）、1998年、2000年（即便戈尔在总统大选中获得了更多的普选票）、2002年、2004年、2010年和2014年都取得了优势，2016年的多数选票也很有可能落入共和党的手中（虽然现在我们还不能确定）。民主党人则是在1992年、2006年、2008年和2012年（当年共和党人最后反而获得了多数席位）赢得了多数选票。

这25年中共和党取胜9次，民主党获胜4次。在此期间，总统选举和国会选举结果大相径庭的原因之一可以被认为是选民的内部平衡。假如一个党派控制了白宫，选民们很有可能就会在国会中期选举中偏向另外一方，然后获选的议员往往会在之后的选举中凭借在职优势而争取连任。

不仅如此，过去的25年间，共和党在国会选举中的成功实际上是他们自1920年以来的最佳战绩。这周的结果出炉后，在国会选举的失败将给民主党带来一场灾难。

事实正摆在我们面前，2017年1月后共和党人将要领导民选的国家政府，他们极有可能任命一位保守派的最高法院大法官。无论如何，共和党起码能有两年的时间大权在握。风水总是轮流转的，当政策错误、意想不到的事件或经济衰退来临的时候，不高兴的选民们的态度就会发生转变。共和党指不定会在2018年的中期选举中丢掉众议院（从过往经历来看，现任总统所在党派的命运往往如此）。至于特朗普，从就任第一天起，无疑就要面对主流媒体和左派的狂轰滥炸。

戴维·梅修　耶鲁大学政治学系 Sterling 教授

喧闹过后，特朗普内政外交
政策走向何方

贾庆国　　吴心伯

问：本次美国大选，为什么特朗普能击败希拉里？

贾庆国：至少有三个原因。第一，美国在全球化进程中虽然得到了巨大的好处，但好处的分配很不平均。一部分人得到了很多好处，另外一部分人没有得到多少好处，还有一部分人利益受损。而且，真正得到很多好处的美国人是少数，大部分美国人得到的好处是有限的。这就引发了很多人的不满。

第二，美国近年出于自由民权的考虑，产生了很多政治正确的说法和做法，有时可能做得比较极端，使得很多美国民众感到很难接受。比如，美国人多年来一直庆祝圣诞节，但现在对他人问候"圣诞节快乐"却成了政治上不正确，因为它有可能会让那些持不同信仰的人感到不安。这方面的推动也使得很多人不满。

第三，跟人们对希拉里的看法有关。她虽然有很多从政经验，但"邮件门"还有其他事情，使很多美国人质疑希拉里的诚信。而美国，特别是中西部、南部这些州都比较保守，又特别在意诚信问题。从政有很大权力的人，要是不诚信的话，就成为一个很大的问题。

总之，这三个原因以及其他一些原因，使特朗普获得了更多机会。特朗普号称是代表中下层人民，或者是低收入的中产阶级这些人，特别是蓝领白人。他认为政治不正确做得太过分了，他也抓住希拉里所谓不诚信的问题大做文章，使得他在竞选过程中占了一定的优势。

吴心伯：特朗普获胜以后，从他的支持者庆祝的场面可以看到，都是一些白人、男性，这些是特朗普最坚定的支持者。希拉里竞选失败以后，她的支持者在流泪，大部分都是女性、年轻人。这一次中下层白人几乎倾巢出动，因为这些人在美国全球化浪潮中成为边缘化的角色，长期以来被忽视了。这次他们感觉到终于有一个能够打破这个体制的人，所以不顾一切要支持特朗普。这就是说特朗普走基层、动员大众支持获得了成功。

希拉里的支持者大多是女性、年轻人以及少数族裔。但是一些支持者没有出来投票，因为没有感受到强大的感召力。尽管有的女性说希望美国有一个女总统，但认为不应该是希拉里，因为她的人品不行。所以问题就是，竞选人有没有在支持者中煽动一种狂热的情绪，让支持者不顾一切出来投票支持你，跟有多少钱没有关系。特朗普做到了，希拉里没做到。

问：两害相权取其轻是不是意味着美国政治制度本身出现了一个比较严重的问题？

贾庆国：民主这个体制不是选最好的人，是选比较好的人，这个竞选过程是非常残忍、非常痛苦的，真正所谓道德品质比较高、有真知灼见的人不会参选。法国托克维尔对美国选举考察的结论就是：美国选举能选出来的人，一定不是最好的政治家。但是这个体制能确保选出来的人还是很有能力的人，而不是特别差的人。这个体制的设计本身允许这样的人当选，而不至于会遭受特别大的灾难。由于三权分立，法律的限制决定了不管谁当选，他都很难大有作为，很难像我们这样在体制里面集中力量办大事。美国总统办不了大事，想做坏的大事也做不成，当然想做好的大事也很难做。

吴心伯：最大的问题就是两党制，人民的选择是有限的。尽管可以选择，但是选项就两个，这在很大程度上限制选民的选择。今年（2016年）两个选项都不是很好，这种情况下就要考虑，哪一个更让选民讨厌，这个时候往往就是有一些细节在起作用。往年美国的三场辩论，基本上到第二、第三场辩论时就是政策分析。但今年不一样，三场辩论到最后一天还在进行人身攻击。总统辩论是很严肃的事情，讨论怎么治理国家，谁的方案更可行，而今年却是比谁更坏更烂。

希拉里长期以来是体制的一部分，是第一夫人、参议员、国务卿，现在还想做总统，她要是当选，等于把这些制度继续下去。特朗普完全是一个体制外的人，虽然有弱点，但是他对这个体制和政策的批评是对的。如果选希拉里，肯定就是现状的继续；如果选特朗普，至少有50%的改变，这样至少还有点希望。这种情况下，尽管特朗普不完美，有很多缺点，但是至少他代表了另外一种可能性。

问：特朗普上台以后，哪些竞选承诺会得到推行和实现？

贾庆国：我觉得特朗普能做的事情未来也是有限的。竞选中提出承诺更多是为了当选，当选后真正要把这些承诺兑现是非常难的。历史上美国总统候选人做出的承诺大部分没有真正完全兑现。尽然一些具体承诺可以兑现，但一些大的承诺很难完全兑现。

真正当了总统后，才知道总统的权力有多小，会面临国会的不配合、民意的不支持以及法律的限制。如果总统做的事情违反法律，还会被检查机关起诉，被国会弹劾。美国总统看起来很有权势，但真正做起事情来，却受到各方面制约。比如，奥巴马拼尽全力才使医疗保险法案通过，这个法案他也不太满意，因为要想让国会大多数议员接受，他不得不做出不少妥协。现在特朗普声称要废除医疗保险法案，这不是完全不可能的。这个法案虽然照顾了很多穷人的利益，但损害了中产阶级的利益。共和党主导的国会可能会支持特朗普废除这个法案，但要有一个替代品，不光要照顾中产阶级利益，多少还要照顾穷人利益，不然还会引发新问题。所以特朗普想废除医疗改革法案也要花不少时间、下很大的功夫才能做到。此外，我认为特朗普要对从中国进口的商品征收 45% 的关税，很难做到。现在中美之间经贸关系相互依存程度那么高，他要这么做的话，就会引发贸易战，"杀敌一千，自损八百"，会遭到美国国会和法律的限制。我觉得他要想兑现他的竞选承诺，几乎是不可能的。

吴心伯：特朗普的执政面临两个考验。首先是怎样跟共和党打交道。虽然他自称共和党，但不是主流派，现在控制国会的是主流派共和党。今后特朗普是让共和党成为"特朗普的共和党"，还是他最后变成"共和党的特朗普"，这个问题很有意思。其次，他怎么驾驭整个行政团队。特朗普没有执政经验，这些人很容易用一些技术性的细枝末节把他搞混乱，最后他会说你们看着做。

两件事情还是可以预见的：其一，奥巴马医改基本上要废掉，特朗普不喜欢，共和党也不喜欢。其二，移民问题要收紧。但也不像他竞选时说的，把这些人全部遣返，会做妥协。今后一段时间会有党内的磨合，政府跟国会的磨合，恐怕今后一段时间美国的政治矛盾和社会矛盾会是常态化存在。

问：特朗普的很多竞选承诺都有孤立主义的倾向，美国未来的外交政策会有什么样的走向？

贾庆国：特朗普对外可能会采取战略收缩。现在打出的旗号是美国优先，美国第一，但是什么时候美国没有第一？历届政府美国都是第一。从他的讲话看，一是实行美国贸易保护主义政策，二是在安全上要求盟国承担更多责任。这两点到底在多大程度上能够落实？值得进一步研讨。如果他真的搞贸易保护主义，会对全球的秩序产生很大的冲击，现在提出要废除 TPP，要对中国征收关税，限制美国把国内的工厂移到国外。这对全球自由开放的贸易体系的冲击有待观察。在竞选的时候，他说的可能多一些，但是真正做起来、收缩起来也很难。这是因为美国是一个超级大国，它只能通过维护国际秩序来维护自身利益，这个秩序是对其有利的。如果按照特朗普竞选时说的去做，就会削弱这个秩序，损害美国利益，这可能会遭到很多人抵制。所以，战略收缩到底能够走多远很难说，最终可能是一种比奥巴马稍微再收缩一点的所谓国际主义，而不是像很多人想象的那种完全的孤立主义。

美欧关系从历史角度来讲，非常有意思。当美俄新总统上来的时候，关系都会好一点。小布什上来的时候，和普京关系很好，小布什请他到他的农场进行私人会晤。访问完之后，记者采访他问"你对普京怎么看"？小布什说"我看到他的眼睛就好像看到他的灵魂"，后来普京就成了美国媒体讲的灵魂伴侣。若干年以后，他们两个闹翻了，后来他们就开玩笑说灵魂伴侣不行了。其实这种情况在历史上重复了好几次，这次我觉得可能结局同样悲惨，我有一个感觉，但不敢预测。

此外，国内好多人觉得如果美国和日本的同盟关系不好了，会对中国好吗？我总觉得好像不完全是这么回事，因为美日同盟有两个方面，一方面是防范中国，这个对我们来说不好；另一方面，是抑制日本重新走向军国主义，包括日本到现在为止，都没实现军队正常化，还没有成为所谓正常国家，没有发展核武器。这跟美日同盟是有关系的。如果特朗普上台以后，真的按他竞选的时候说的去做，日本人可能就在想，现在美国靠不住了，跟中国的关系又没法办，朝鲜又在发展核武器，日本只能靠自己，一个就是大量地增加军费，发展一个能够保卫日本国土的军队，另一个可能会发展核武器。

特朗普做出的竞选承诺，到底对我们来说有什么样的影响，我们要稍微看远一点，考虑起来可能会更加全面一些。

吴心伯：特朗普商人出身，会算经济账而不会算国际政治账。在国际问题上，他做国际领导的欲望不强，更多考虑的是这么做经济合不合算。美国要做国际领导代价太大。但在今天的形势下，美国不可能真正回到孤立主义。美国本身的利益就已经全球化了，美国在世界上做领导不是光有付出，实际上得到的东西也很多。今后特朗普会有一定的战略收缩，这个是相比奥巴马而言，特别在欧洲和东亚，会让盟友自己多花点钱承担自己的责任。

他恐怕还是要有选择地参与和干预外部事务。在美国传统的利益地区——欧洲、东亚，还是要保住核心利益。同时，推广美国价值观，这种东西必要时讲一讲，但不会花大力气去做。

收缩是一方面，更重要的是要看到美国外交政策的调整。比如说美俄关系，大家注意到特朗普当选后普京发了贺电。普京这个人很精，他不会轻易发贺电的。普京在美国是被妖魔化的，但特朗普竞选的时候对普京赞誉有加，敢说他喜欢普京，认为可以和这样强势的领导人搞好关系。我觉得特朗普上台以后，会以乌克兰为抓手，让欧洲去处理，美国参与，而不去主导，来缓和与俄罗斯的关系，换取俄罗斯在中东问题上的配合。我可以做一个大胆的假设，特朗普很可能第一个出访的就是俄罗斯，我今天在《环球时报》的文章里面做了这个预测，请大家记住。在亚洲，安倍是失望的。安倍押宝在希拉里身上，前两天还在拍希拉里的马屁，说 2017 年要去美国跟希拉里会谈。特朗普在日本问题上，可能玩经济，安全的事情自己做。在这个地区，大家看一下菲律宾的总统，多有先见之明。所以国际政治里面，还是可以看到一个人的见识。

问：特朗普上台以后，中美关系未来会朝什么方向发展？

贾庆国：比较而言，希拉里属于美国主流的建制派，政策主张可预见性比较强。即使有强硬一面，也还是有限度的，因为要平衡各方面利益关系，这是建制派的特点。

特朗普就不一样了。他没有从政过，好像也没有对中国做过什么研究，在对华政策问题上没有发表过系统的看法。他的竞选团队里好像也没有多少真正了解中国的人。将来他的对华政策到底什么样？我们不知道。现在能知道的是，他在经济上对中国提出过两个不靠谱的想法：一是要把中国认定为汇率操纵国，按照美国政策，一旦中国被认定为汇率操纵国，美国就会启动一系列措施来制裁中国；二是提出要对中国向美国出口的商品征收45%的关税。他在其他方面提出的一些主张，虽然不直接涉及中国，但会影响中国，对中国不利。比如让韩国和日本承担更多防务义务，这会促使像日本这样的国家加强自主防务的能力，包括发展原子弹。国际安全秩序可能会弱化，会导致一系列问题。

特朗普对中国的挑战，在于不确定性太大。他可能会对中国好，但是从他的竞选讲话看，这种可能性比较小。特朗普不是一个典型的共和党人，共和党传统上强调安全问题，强调自由贸易。特朗普则相反，至少在说话和竞选的时候，他声称在贸易问题上采取保护主义，在安全问题上强调收缩。历史上我们觉得跟共和党人比较容易打交道，但特朗普不是一个典型的共和党人，我们跟他打交道的难易程度现在很难判断，他的不确定性太大。因此我觉得特朗普当选对我们的挑战可能更大一些。特朗普上台做出那些竞选承诺，到底对我们来说有什么样的影响，还要从一个更长远的角度来思考。

吴心伯：如果希拉里上台，对中国来讲是挑战大于机遇；特朗普当选以后，很可能是机遇大于挑战。希拉里如果当选，对中国构成的挑战有两方面：一是战略和地缘政治，特别是加强美日同盟。二是来自政治上的价值观和意识形态的挑战，因为希拉里对中国有非常强烈的意识形态偏见。

特朗普给予中国的压力可能主要来自经贸方面。他的竞选依赖这些中下层的白人，这些人没有工作，他觉得就是因为美国到中国来投资，把这些人的工作流失到中国来了。他为什么看重美国跟中国的贸易，因为他觉得美国丢掉很多工作，他就是用很简单的思维考虑这个问题，所以可能会拿人民币汇率或者贸易逆差来说事，可能会有一些摩擦，但是不会伤害中美关系的大局。

总体上，我感觉特朗普在经历过一个或长或短的学习过程以后，可能大致上会回到一个比较传统的共和党对华政策路线。共和党从利益分配来讲，就是两块。一是商业派要赚钱，二是军工派要找威胁。美国虽然存在"中国威胁论"，但经济上还是要跟中国做生意。特朗普虽然反对从中国大量进口商品，但是他欢迎中国对美投资，这有助于增加就业，改善美国的基础设施。中国现在经济体量这么大，我们有这么大的市场空间，手上有这么多资源，相对来讲，我们跟美国互动，这方面把握性要更大一些。

贾庆国　北京大学国际关系学院院长；
吴心伯　复旦大学国际问题研究院常务
　　　　副院长，复旦发展研究院副院长

大选之后美国能源政策走向

——吴力波教授对话美能源信息署署长

亚当·谢明斯基（Adam Sieminski）　　吴力波

崔璨　译

吴力波：第一个问题是关于 11 月 7 日刚刚在摩洛哥马拉喀什开幕的第 22 届世界气候大会。数千名国际官员会聚在马拉喀什，关注各国应对气候变化的行动与实施情况，并召开《巴黎协定》第一次缔约方会议。全世界也期盼着看到各国能够拿出更加具体的计划和方案来履行《巴黎协定》，但是我们也明白这是一个完全出于各国自愿而没有强制性的协定，数据和统计对将来各国执行效果的评估会发挥很重要的作用，那么您是如何看待碳排放的数据以及美国能源信息署未来是否有计划建立有关碳化的国际数据库？

亚当·谢明斯基：美国能源信息署有权力收集美国全境的能源数据，但是我们并没有权力去收集美国之外的数据。当我们讲到《巴黎协定》以及正在召开的第 22 届世界气候大会时，我们应该注意到，减少温室气体的排放是《巴黎协定》以及第 22 届世界气候大会的目标。温室气体的排放不仅仅与能源相关，有的和农业等其他领域相关，这些领域并非美国能源信息署的专业所在。在能源这一块，我们可以研究比较不同能源如煤炭、石油、天然气、生物能源等释放单位能量的碳排放量。事实上，我们已经在做这一方面的研究了。我们也计划对《巴黎协定》参与国的执行和表现进行评估。美国能源信息署认为中国能够完成其制定的目标，有一些国家可能没法兑现他们的承诺。想要能够更好地完成《巴黎协定》的目标，就需要更加严格的管理，以及参与国自愿承担更多的责任。

吴力波：在中国，我们针对 2030 年碳排放的减排目标制定了一系列的法律法规，但还是有很大的提升空间。尤其是在省、市、自治区等地方层面，数据的质量和真实性差别很大。这些问题有的是由于缺乏专业的技术和人员来准确地计算碳排放量，有的是由于制度和机制的问题。中国的一些地方政府出于各种各样的原因来掩盖碳排放量，以完成中央政府所指定的目标。这种现象在其他的发展中国家也普遍存在。这些国家的机制还不够成熟。所以建立有关碳排放的信息系统是很关键的一步。

亚当·谢明斯基：是的，这是全世界都普遍存在的一个问题。在美国，法律赋予美国能源信息署权力去收集数据，并且检查其真实准确性。如果我们发现有人拒绝上报数据，或者上报不真实的数据，他们会受到法律的制裁。历史上，美国能源信息署还没有遇到过必须采取法律措施来制裁所收集数据的情况，因为通常法律法规都会要求你上报这些数据，并且确保这些数字的准确性。在中国，地方政府应该找到适合自身的方法来解决您刚刚提到的问题。在像中国这么大的国家中收集准确的数据并非易事，在美国也是一样，很多地方的数据都存在争议，政策制定者应该采取相应的政策来鼓励激发正确的行为。

吴力波：非常感谢您的回答，那么我们就进入下一个问题，下一个问题可能稍稍有些敏感。相信您一定也知道，今天是一个非常特殊的日子，还有不到 24 个小时，我们就将迎来新一任的美国总统。一直以来，美国在国际气候协商中都扮演着极其重要的角色。奥巴马总统采取了一系列积极的措施，来制定减排目标，他也将气候变化视为人类未来将要面临的最大威胁。我们现在不难看出两党候选人对于气候变化有着截然不同的观点。我们也很好奇，在国际气候变化协商上，美国政府还会继续坚持过去的路线和观点吗？如果布什总统拒绝执行《京都议定书》的历史再次发生，会给《巴黎协定》带来很大的冲击和影响。您一直想保持政治中立，但我还是希望能够知道，您从一位学者的视角来看，美国是会继续其原有的针对气候变化所采取的措施，还是可能会停下脚步改变其现有的政策？

亚当·谢明斯基：这个问题既包含了政治，也与经济相关。在过去五年中，天然气在美国国家发电中扮演了非常重要的角色。天然气需求的增加并非源自政府的法律法规，而是一种市场行为。相比于煤炭，天然气的价格更有竞争力。经济在不断推动着能源的发展，促使人们去选择碳排放量更少的能源。您在问题的一开始提到了美国正在进行的总统大选，有一点我需要提醒一下大家，美国总统大选不是一届两届了，我们有将近50位总统了。在能源信息署，我是由总统提名、参议院批准的机构负责人，我们有超过300名的联邦雇员是无党派人士。无论总统是谁，我们还有法律法规，还有联邦公务员来保证法律法规的有效执行。每一任美国总统就任后也会认识到他们并没能将一切通通改变。所以，美国总统竞选的结果对于我们并不会产生太大的影响，政府将继续执行相关的法律，我们的国家会继续进步，美国能源信息署的独立性和公众性也不会改变。

吴力波：非常感谢您的回答！让我们再回到能源行业。我们知道您在能源行业、石油天然气行业有着极其丰富的经验，所以就相关的市场我有几个问题。首先是关于天然气市场的。金融危机后，亚洲液化天然气和欧洲管道天然气的价格出现了很大的差别。正如您刚刚提到的，美国天然气的低廉价格促进了其广泛的使用。在亚洲市场，液化天然气的价格相对较高，这就阻碍了液化天然气在中国等亚洲国家的广泛使用。现在情况似乎又有所变化，在中国天然气的需求稍有下降，而新兴能源的供应，如页岩气、管道气飞速增长。像马来西亚、澳大利亚等亚太国家的出口量大大增加，2015 年英国和挪威的出口量也有所增加。您是如何看待今年（2016 年）和明年（2017 年）的天然气市场？北美和亚洲的市场的价格差异会有所减小吗？

亚当·谢明斯基：2015 年天然气市场最重要的事件就是石油价格的下跌，在很多国家，天然气的价格都和石油价格挂钩。当石油价格下跌时，天然气价格也会随着下降。美国、印度尼西亚、澳大利亚等国家开始出口液化天然气。石油价格的下跌使得液化天然气在价格上不具备竞争优势。美国能源信息署相信，未来 4—5 年的国际天然气市场将以相对较低的价格为主要特征，因为油价相对较低。2020 年后，由于供需重新平衡，油价会恢复上涨。天然气在价格方面会变得更有吸引力。由于国际航运成本的降低，进一步增加液化天然气的竞争力，美国的液化天然气槽船驶向拉美、日本、欧洲等世界各地，美国和澳大利亚液化天然气的出口量会增加。

吴力波：下一个问题是有关国际石油市场的。期货市场在石油市场中扮演着特别重要的角色，在 20 世纪 80 年代，西得克萨斯中质油（WTI）成立，期货商品的出现稳定了石油市场。在金融危机中，石油价格泡沫使得人们开始质疑期货市场的流动性过高，反而使石油市场出现更大的泡沫。中国政府对于开发石油期货产品持有非常谨慎的态度。至今中国仍然没有任何的石油期货产品。您是如何看待石油期货产品的呢？它对于石油市场的健康发展是必不可少的，还是说证券市场就已经足够？

亚当·谢明斯基：今天下午我将有幸拜访上海期货交易所，有机会看一看期货交易在中国是如何运作的。期货市场可以带来更大的透明度，人们可以通过期货市场更早地看出市场的供需关系。很多因素促成了伦敦和纽约期货交易所的发展，如大量的买方和卖方，监管体系完备，可以以中立的立场来解决争端和商品交易问题，美元和英镑是相对稳定的货币。原料等实体交易的参与者可以从中受益。上海的证券交易非常发达，人民币的稳定性越来越强，在中国越来越多的企业将参与到石油和天然气市场的交易中。能够看到期货市场的改革和进步是一件有趣的事情。但是也不能说期货市场带来的完全都是好处，期货市场中的投机行为存在广泛的争议。美国能源信息署有一个部门对此进行专门的研究。总的来说，期货市场的发展对于石油市场的稳定是有好处的。

吴力波：中国和美国在能源领域，尤其是新能源领域有着广泛的合作，比如说页岩气、可再生能源等。美国能源信息署主要专注于数据的收集和研究，您认为中美能源领域的合作前景如何？不仅仅是在科技，而是在数据共享等软实力方面的合作前景。

亚当·谢明斯基：美国能源信息署是另一个政府部门，过去的很多年间都致力于推动中美能源领域的合作。我这次来中国的原因，也是希望能够与中国方面多交流，达成具有建设性的成果。谈到信息数据这一块儿，中国的能源数据信息来源多种多样，美国能源信息署需要从多方面譬如企业和政府收集信息，这是一项艰难的工作，但是我们希望将这项工作与合作长期开展下去。

亚当·谢明斯基　美国联邦政府能源信息署署长；
吴力波　复旦大学经济学院教授

全球化、民粹与左右之争

——美国大选的管窥与浅思

程文侠

作为一名政治学专业的博士，美国大选既是茶余饭后的谈资和消遣，也是思考中国政治问题的参照。全球化推动了包括美国在内的发达国家的社会经济结构的重组，既有的精英与大众的联结纽带已然显露局限，民粹主义几乎在除加拿大以外的所有西方发达国家大势抬头。如果说全球化是孙中山所指出的世界大势，顺之者昌，逆之者亡，那么在全球化的负面效应逐渐被西方民众逐渐感受到的当今，是不是需要某种刹车或制动装置，不改变前进的方向、放缓前进的速度？以特朗普为代表的右翼民粹主义能否做到踩刹车的同时而不翻车？左派社会主义能否在新时代提出不同于和优于右翼民粹主义驾驭全球化历史力量的方式（alternative）？作为社会主义大国的中国面临着什么样的同性质却不同表现形式的问题？中国能为世界提供什么样的蓝图和行动路线？对这些问题我都没有完整和成熟的答案，只是一些尝试性的猜想。

一　偏差（deviation）还是重组（realignment）？

美国政治学界一向有个基本的假设，美国选民结构是单峰的，即中间选民的倾向决定选举的成败，任何想成功当选的总统候选人必须向中间立场靠拢。特朗普让人大跌眼镜的地方是他似乎语不惊人死不休，并没有试图站在中间立场。在共和党初选的时候，因为这种风格使得很多美国政治的观察者认为他并不是一个严肃的参选者（serious candidate），只是通过参选本身来扩大他本人的知名度，从而提升其企业形象。可是，特朗普一路过关斩将最终获得共和党的总统提名，这使主流媒体又认为或希望特朗普会缓和他的激进立场，然而他继续大言无忌。选前，在UCSD上比较政治课的时候讨论到特朗普现象，政治学系的菲利普·罗德尔（Philip Roeder）老师仍然认为美国的这次选举不是选民结构的重组（realignment），而是选举过程的一种暂时性、反常性的偏差（deviation）。就我所了解到的情况而言，这位老师的观点非常具有典型性，美国精英阶层或者所谓体制内（establishment）的人，对于特朗普以及其所反映的中产阶级不满情绪是惊恐和反感的。他们感情上很难接受特朗普现象可能不是一时的反常偏差，他们更偏向于认为这种现象只是一阵风吹起落叶，并不能否定万有引力的存在。他们不愿看到美国民主政治在全球化的冲击下可能走向拐点的事实。这一波西方民粹主义并不限于美国，西欧早于美国感受到选民反移民、反贸易的强震。而美国民主政治的问题也不是这次选举中产生的，共和党内 tea party 的崛起，国会党派之间、总统与国会之间的不合作和僵局（deadlock）的发生频率也引起了美国学界有识之士的忧虑和反思（参加过UCSD政治学系的一次 job talk，职位申请者的报告主题就是如何认识和解决美国政治僵局）。

　　我的一个基本的判断或者说直觉是这一波全球化刺激起来的民粹主义绝不会轻易地退潮，因为仅仅通过政策的调整不可能解决好其所反映的深层次问题。特朗普的竞选口号是 make America great again，他试图想通过紧缩移民和对外贸易、降低税收、扩大基础设施把美资企业重新吸引回来来扩大美国的就业和刺激经济发展，从而安抚那些有着强烈种族优越感的白人中下层选民。然而，即使特朗普能做到他所有的政策许诺（在美国分权体制下基本不可能），我也不认为美国制造业能够复兴，美资企业会把工厂等搬回来。我没有经济方面的专业知识背景，但是对美国人工费用的昂贵有过体验。在这边理个发要 15 美元，在上海我都可以理一年了（我一个月理一次发）。日常的生活用品倒是与国内相差不大，有些水果和肉类甚至还比国内便宜。这些白人中下层选民也许勤勤恳恳工作、老老实实交税，他们自认为是中产阶级道德的践行者和守护者，有点自以为是（self – righteous）也是情理之中。在全球化的冲击下，他们的工作机会和生存空间受到日渐增大的发展中国家的挤压，据说美国中产阶级自 20 世纪 70 年代以来实际收入几乎没有增长，而美国一个个工厂搬到了国外，甚至很多服务业都进行了转移（比如呼叫中心都搬到了国外，有一次打 AT&T 的客服热线，接电话的虽然英语讲得很好，但是明显有点印度口音）。他们自认为是全球化无辜的受害者，特朗普的过激言论正好迎合了他们情感宣泄的需要。特朗普向他们保证，他们境况的恶化不是他们的错，也并非不可逆转，他同时向他的选民提供了安慰和希望，因此他在表述观点时所援引证据的真假就根本不重要了。

可问题是情绪的宣泄固然可以带来一时的满足感，全球化所带来的美国社会契约瓦解等深层次问题并不会因此而解决。按照经典社会主义的理论，西方发达国家之所以没有产生社会主义革命，是因为帝国主义国家中的无产阶级已经被资产阶级收买，通过参与到对殖民地和后发国家的剥削中而资产阶级化。是不是剥削当然可以进一步讨论和争议，但是在这一波全球化之前，西方发达国家的中下层参与到分享以国家为单位的高端产业链成果是不争的事实，这也是里根 trickle – down economy 的逻辑实质所在。换句话说，在这波全球化之前，发达国家中下阶层是可以分享经济发展的部分成果的，政治和经济制度安排可以确保他们是利益相关者。然而，在通信交通技术急剧发展和冷战格局结束的双重推动下，国家间的市场交易成本急剧下降，一方面生产力得到解放和发展，另一方面利益分配格局却同时重构，"我们"与"他们"之间的界限处于流动和重划之中。今天全球的精英阶层越来越相似，读着相似的书，穿着相同品牌的衣服，过着相似的生活，他们可以在全球各地工作、旅游和生活。不说剥削，各国的精英至少是占有了全球产业分工进步的最大份额。全球化带来的进步和发展的成果没有如他们所期待的"滴下来"（trickle down），社会大众弥漫着反体制（anti-establishment）的情绪，美国传统的两党政治无法成功对之进行有效的疏导。共和党向民众许诺发展的个人机会，它强调小政府和低税收；民主党向民众许诺发展的集体成果，它强调更多的政府开支和福利。这种概括当然有简单化之嫌，但大致能正确地描述战后美国两党政治。两党都赞成经济自由化和贸易全球化的发展模式，特别是冷战结束以后，克林顿政府的政策更是让传统的左右之分丧失了意义。而后，英国的布莱尔更是公开打出了"第三条道路"的旗帜，左派基本立场丧失殆尽。因此，今天右翼民粹主义的大行其道很可能跟左翼力量抛弃平等和再分配做法有关，在这些国家中间造成了某种权力真空，不少中下层民众实质上无人代表（当然，左派立场的这种转向可能也是病症而非病因）。

在全球化冲击之下，精英和民众之间的既有联结纽带的松弛是一个难以否认事实。这里的要害在于现代西方所谓的自由民主政治制度和其主导的国际秩序在很大程度上是反对右翼法西斯民粹主义的胜利成果，如果全球化引发的右翼民粹主义不是一阵风的话，西方民主制度能容纳右翼民粹主义吗？如果右翼民粹政策再次得到推行并再次失败，左翼势力能否有重新得势的机会？我的判断是右翼民粹方案注定要失败，少则四五年，多则十来年。其基本依据是全球化产生的问题不可能通过反全球化来得到解决，就像当年马克思论述工业化产生的问题不可能通过反工业化来得到解决一样。但是，我并不认为右翼民粹方案是毫无意义的，它的实行及其负面后果可能为人们期盼左翼方案提供刺激，提高人们对左翼方案的容忍度。从桑德斯在民主党初选中出乎意料的强劲表现来看，左翼正在积蓄力量。只不过目前还没有看到左翼令人耳目一新的倡议（也可能是我孤陋寡闻）。

二　中国的挑战和机会

如果仅算经济账的话，中国无疑是这波全球化的最大受益者。然而，一算政治账的话就未必。中国的民粹主义虽然不能说由全球化引发，但至少因全球化而显得更加尖锐。工业化、城市化、经济社会的全面转型所产生和积累的矛盾都是民众"仇富""仇官"和反体制心理的原因。然而，全球化对于中国的负面冲击是文化道德上的，中国的民粹主义也不是因为普通民众经济利益的受损和经济机会的减少，而是精英放弃了传统的文化道德使命，或者说精英作为一个群体在今天全球化时代更难坚持自身的文化道德使命。在旧中国积贫积弱的环境下，寄寓海外的精英念兹在兹的是斯国斯民，除了他们自身的爱国心之外，可能同样重要的是外国的政治经济结构并没有形成对华人精英的比较通畅的吸纳渠道，反而受到广泛的有形无形的歧视（美国的排华法案直到二战快结束的时候才取消）。另外，中国精英接受同化的心理成本也较大，正面接受西方文化多在价值观形成之后，而当时西方与中国传统的差异较大。而如我这样一代改革开放后成长起来的人，从小就接触美国的音乐、电影、书籍，反而传统的典籍因为与日常生活的不相关而难以理解、很少接触。我们很容易把美国理想化，把他们的一些权宜之计视为价值判断的标准（有一次在亚利桑那跟一个在美国生活多年的台湾人聊天，她认为特朗普的上台和美国基础教育质量低下是息息相关的，可能会最终对美国的民主制度造成致命危害。她把美国的基础教育批得体无完肤，她在亚利桑那州立大学辅导过一些美国低年级的本科生，她说不少学生的学业水平可能还没达到高中，美国大学之所以那么多人拿不到毕业证不是因为他们不想要，而是因为课程跟不上，再加上美国大学学费很贵。这让我相当的震惊，在国内很多人批评我们的基础教育往往是拿美国来举例子，说人家怎么怎么好，我们怎么怎么不行。她的判断不一定准确，但是她的逻辑依据是成立的，如果失去应试教育的压力，老师和学生就没有很大动力去教、去学，个人的勤勉和家庭环境的熏陶就显得更加重要，势必产生两极分化。值得一提的是，亚利桑那州立大学在美国的排名是中上的，100 多名）。这倒不是我们崇洋媚外，而是看待和批判现实需要一个参照，正像在传统帝制时代人们老是称颂先王、三代而观照和审视他们的现实，三代是不是如人们想象中的那样是黄金时代已经不重要，重要的是通过把过去理想化而抽象出某种标准。

因此，我们这一代越是年轻的、越是具有改造现实理想主义冲动的人越容易对美国产生好感。然而，改造现实总比逃避现实难得多。跟我们这一代人谈中国特殊国情，往往是"言者谆谆，听者藐藐"。美国成为中国一批理想主义精英的避难所，有些把美国视为精神家园，有些移居美国。全球化对于西方发达国家的挑战是移民、贸易和中下阶层生存空间受挤压的问题，对于属于发展中国家的中国可能最大的问题是精英认同问题，他们是中国参与全球化最为活跃的因素，他们有能力有机会在全球流动，如何让他们承担起实现中国梦的责任和使命，是一个不亚于西方移民的头疼问题。UCSD "21 世纪中国项目" 的主任谢淑丽（Susan Shirk）教授在一次活动中谈到对中外学术交流以及中美关系的忧虑时说到，她观察到的是尽管中国对外交流和接触有过收缩的前例，但是即使是 80 年代末 90 年代初一段时期内的收缩，其时间也比较短暂，没有像现在这样全面的刹车和收缩，所以她担心中美交流和互信的基础会不会因此而受到损害。尽管现在对官员出国的管理越来越严格是一个事实，而中国学术界的领军人物往往因为有行政职务所以也受到了更严格的约束也是事实。但是说中美之间的交流刹车或是逆转则并非实情，像我这样受到国家资助来美国的普通学生是越来越多，而不是越来越少。另外，谢淑丽教授反映的更为根本的问题是应对全球化的负面效果，中国该如何去踩刹车？在什么方面刹车？美国人老是喜欢批评中国的互联网政策和对外国 NGO 的态度，他们自己对待叙利亚难民接受问题却是毫不妥协。不能说他们伪善，只是面对全球化的压力各国有各国的难处。

这波全球化可能会带来各国政治社会经济结构的大调整、大变革，包括美国在内的西方国家并不比中国处于更为有利的位置（至少不是处于不败之地），他们有他们的问题，我们有我们的问题。有意思的是，以《经济学人》主编约翰·麦克列威特（John Micklethwait）为代表的一批人提出了西方民主制度下的 "国家再造"（reinvent state）的倡议，但是他们的学界和媒体似乎并不认为我们有再造国家的切实举措。我所接触到的外国学者几乎是 "历史终结论" 观点的赞同者，所不同的是表达的隐晦和明显、含义的广狭，他们基本上否定中国愿意和能够保障个人权利和建设民主政治，只是委婉地说希望中国的政治转型是和平的。而以纽约时报、华盛顿邮报和金融时报为代表的媒体，对现在全面从严治党的举措，根本不谈党治国家再造的可能。他们不会觉得中国的从严治党和群众路线是解决精英和大众联结纽带松弛和断裂的可能路径。党治国家在全球化时代的转型中至少是比所谓的老牌民主国家更加自觉、更少包袱，老牌民主国家反而因为制度定型和固化而很难解决新问题。因此，我所说的机会在于我们的灵活性，当然这种灵活性的有效发挥是在正确判断历史大势前提下因势利导才能完成的。如果中国在发达国家右翼民粹主义的冲击下仍然能屹立，如果右翼民粹主义在其国内试验失败，中国是否准备好在国际上举起社会主义的大旗？是否能够在大旗之下重构全球秩序？

程文侠　复旦大学国际关系与公共事务学院政治学博士、美国加州圣地亚哥大学访问学者

哈佛教授眼里的美国大选 *

史蒂夫·卡尔曼

吕雪玥　译

这是我所见的最怪异的大选，非常有趣也非常的刺激。这一切是如何发生的？有一个电影叫作《完美风暴》，完美风暴指的是这样一种情况：当相互独立发展的气候因素汇聚成一股更强大的力量时，一场天摇地动的完美风暴就会产生。2016 年的美国大选正是这样的一场完美风暴。美国社会中长期存在的四股社会倾向汇聚于 2016 年的美国大选，可谓前所未有。

一　移民结构变化埋下冲突危机

表 1 反映了 1850 年到 2010 年，美国的外籍人口数量及其在总人口中所占比重的变化。不仅是数量，移民来源也在发生变化。早期，移民多来自英国、爱尔兰或德国。1870—1880 年期间，越来越多来自东方的移民到美国寻求和平安定，包括俄罗斯、犹太人和阿拉伯人等，他们非常不同，也更难于接受美国的传统，他们不说英语，和主流社会关联不强。到 20 世纪 20 年代，移民人数出现了戏剧性的减少。1921 年美国出台了移民限额

---

* 本文根据史蒂夫·卡尔曼 2016 年 11 月 2 日在复旦发展论坛上发表的"完美风暴：美国总统大选透视"演讲翻译整理。

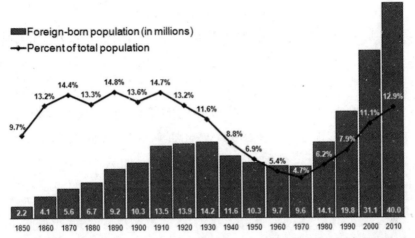

Foreign-Born Population and Percentage of Total Population, for the United States: 1850 to 2010

■ Foreign-born population (in millions)
━━ Percent of total population

9.7% 13.2% 14.4% 13.3% 14.8% 13.6% 14.7% 13.2% 11.6% 8.8% 6.9% 5.4% 4.7% 6.2% 7.9% 11.1% 12.9%

2.2 4.1 5.6 6.7 9.2 10.3 13.5 13.9 14.2 11.6 10.3 9.7 9.6 14.1 19.8 31.1 40.0

1850 1860 1870 1880 1890 1900 1910 1920 1930 1940 1950 1960 1970 1980 1990 2000 2010

Source: U.S. Census Bureau, Census of Population, 1850 to 2000, and the American Community Survey, 2010.

表 1　哈佛教授眼里的美国大选

令，实行民族来源配给制度，西半球移民数量不受限制，来自英国等地的移民还是可以进入美国，但是来自墨西哥等地的移民就受到严格的限制，因而造成了移民人数的下降。1965 年，国会再次改变了移民政策。Hart - Celler 法案废除了自 1920 年以来的国民出生地配额体系，取而代之的是一个优先系统，关注移民技能和与美国公民或居民的家庭关系，以东西半球为单位分配移民签证。1970 年，外籍人口占总人口的比例达到了 4.7%，是历史最低。

　　看一看美国的移民政策和实际移民人口的变化。1960 年到2010 年，外籍人口出生地来源的数量变化是，来自欧洲的人口一直在下降，来自拉丁美洲、加勒比地区、亚洲和其他区域的移民数量不断上升，原因就是 20 世纪 60 年代移民法案的改变。

　　另外，大量的移民促进了美国经济的发展，1/4 的美国科技创业公司是由移民创立的。

二 制造业工作的减少引发担忧

　　表 2 是对美国制造业发展的历史回顾。蓝线表示制造业在 GDP 中所占比重。1980 年，制造业在 GDP 中占比 20%，此后就一路下滑，到 2008 年，制造业在 GDP 中占比仅为 10% 左右，是 1980 年水平的一半。有两个贸易协定的签订对美国制造业占 GDP 比重造成重大影响，一是 1994 年同加拿大、墨西哥签订的北美自由贸易协定；另一个则是 2001 年，中国加入 WTO。中国加入 WTO 导致了美国制造业在 GDP 中比重的进一步下滑。

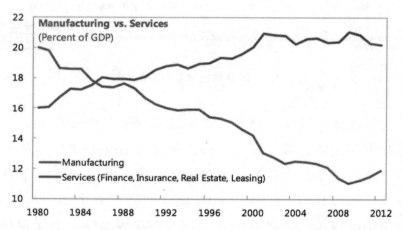

Source: Haver Analytics and World Bank Development Indicators. 1/ Values for 2011 and 2012 are staff estimates based on IP growth rates of each country.

表 2　美国制造业发展的历史回顾

　　绝大多数经济学家都认识到自由市场在经济发展中的重要性，但是贸易的自由化也使得国内制造业转移到美国之外，越来越多的人失去工作，并且他们很难再得到条件像原来一样好的工作。在分析这一问题时，人们通常会阅读以下两本书来了解美国究竟发生了什么：第一本是由查尔斯·穆雷（Charles Murray）在 2010 年出版的 *Coming Apart*（见图 1）。在这本书中，查尔斯·穆雷描述了他所见到的从 1960 年开始的在美国白人中发生的收入不平等和道德的陨落。工薪阶级的收入越来越少，传统的价值观也渐渐地被人们遗忘。

《分崩离析：美国白人五十年（1960-2010）来的恶化》。
作者莫雷（Charles Murray）是美国极具影响力的社会政治学者。
他着眼于美国社会的四根"支柱价值"——a.婚姻和家庭状况；b.工作态度；c.个人的诚信状态；d.信念和信仰状态——来刻画美国白人社会是怎样在分崩离析的。

图 1　《Coming Apart》

　　第二本推荐的书是罗伯特·D. 普特南（Robert D. Putnam）的 *Our Kids：The American Dream in Crisis*（见图 2）。普特南出生于俄亥俄州的一个小镇，1962 年他高中毕业。在他上高中时，他们这一代人的父母大多在工厂上班，但是他认为那段时光很美好，那时候人们有稳定的工作，普通家庭的孩子也可以上大学而不用负债，人们生活得非常开心。可是反观现在俄亥俄州，一切都改变了，工厂没有了，现在孩子们的生活状况和从前大为不同，很多孩子开始酗酒、吸毒，走上歧途，孩子们的未来令人担忧。

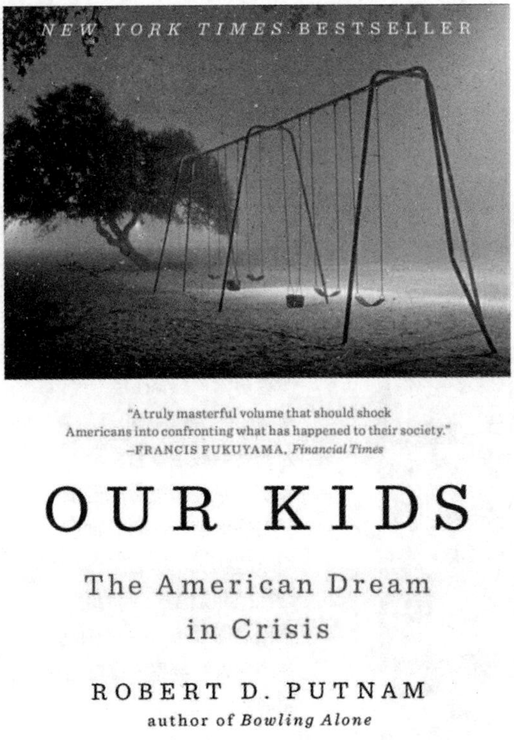

《我们的孩子：危机中的美国梦》哈佛大学著名政治学家罗伯特·普特南（《让民主运转起来》作者）的又一力作。他将视角从"社会资本"转向"社会不平等"问题。通过对比的形式呈现两代普通美国人的人生故事，力图说明阶级和阶层不平等现象已经在21世纪的美国社会达到触目惊心的程度。

图 2　《Our Kids The American Dream in Crisis》

　　另一个令人震惊的研究发现是美国白人中产阶级的死亡率正在不断上升。通常认为，在大多数国家，近些年来，人们的寿命是在不断延长的。但是不像其他富裕国家的对应群体，美国中产阶级白人的死亡率在上升，而不是下降。造成死亡率上升的主要原因不是心脏病、糖尿病等传统老年疾病，而是具有传染性的自杀情绪、酗酒过度、吸毒等。所以实际上，人们死于严重的社会问题。

三　收入不平等加剧社会不公

　　表 3 显示的是收入不平等。收入最高的 5% 的家庭从 1967 年到 2011 年收入翻了一番；而收入处于最底层的 20% 的家庭，从

1967 年到现在，收入基本上没有发生变化。

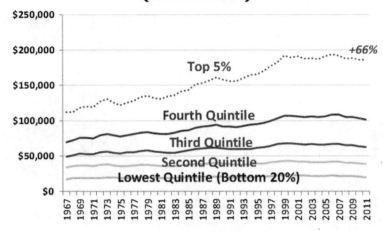

表 3　美国家庭收入变化

　　表 4 显示了处于顶层的 0.1% 的人们和处于社会底层的 90%的人们所拥有的家庭总资产净值所占比重的变化。20 世纪 40 年

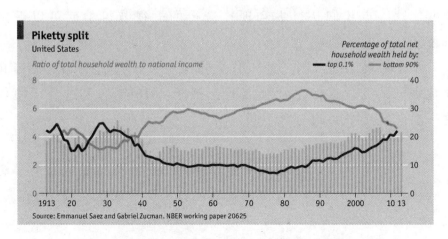

表 4　美国顶层和底层家庭总资产净值所占比重变化

代到 80 年代，富人们掌握的财富占比重率在不断地减少，与此相反，后 90% 的所谓穷人们的财富所占比重却在不断上升。但在 80 年代以后，富人拥有的财富增加，所占比重不断上升。到现在，前 0.1% 的富人所拥有的财富，几乎等于后 90% 的穷人们所拥有的所有财富总值。

　　这是一张一年前英国《经济学人》（*The Economist*）的杂志封面。《经济学人》不是一本激进的杂志，它是一本倾向于保守主义的杂志。然而这一期的封面语是"赢者通吃；为什么对美国而言高利润是一个问题"。在《经济学人》的杂志上看到这个封面是很令人惊奇的。

图 3　The Economist 的杂志封面

四　"文化战争"改变观念

　　近 50 年来美国的文化环境、人们的审美观念发生了巨大的改变，这一点我们从过去和现在流行的电视节目中就可以看出端倪。

　　正是移民问题、制造业工作数量减少、日益加剧的不平等和文化观念的变化这四个社会因素汇聚于 2016 年的大选，才使得这一届总统选举如此与众不同。

史蒂夫·卡尔曼　哈佛大学肯尼迪政府学院
魏斯赫德公共管理学教授

特朗普电话门，外媒怎么看?

一 主动致电方存疑

12月2日，特朗普发了一条推特称，台湾地区领导人蔡英文向他致电，祝贺他成为美国候任总统，并且评价说美国卖给台湾地区那么多的军火，而他却不能接一个贺电，这很滑稽。但《台北时报》则称这次电话是由特朗普的竞选团队中的亲台工作人员所安排。究竟是谁主动安排了此次通话，目前尚不清楚。

《纽约时报》指出，特朗普这次与台湾当局的通话动机还不明显。据与台湾当局联系紧密的外交人员指出，台湾方面不可能未经事先安排就与特朗普通话，而台湾"中央"新闻社则称此次通话为"历史性的"。

《洛杉矶时报》评论说，尽管不知道这次电话到底是怎么来的，不过台湾地区领导人蔡英文很可能只是比较走运而已，特朗普和他的工作人员犯了一个新手才会犯的错误。

二 实际通话内容

从台湾方面来看，其通话意图绝不仅仅只是祝贺特朗普当选。台湾当局认为，特朗普与蔡英文在这次通话中对于签约已经提前达成了一致。蔡英文办公室表示，台湾当局希望加强与美国政府的交流与沟通，建立更加亲密的合作关系。蔡英文还向特朗普表达了未来美国可以帮助台湾地区更好地参与国际社会、做出贡献的希望。两人还谈到了要促进台湾地区的经济发展，增强地区防卫能力和安全。

特朗普团队在声明中表示，此次通话中，双方都提到了加强台湾地区与美国之间的经济、政治与安全联系，台湾地区领导人蔡英文祝贺特朗普当选总统，特朗普也对蔡英文在 2016 年早些时候当选台湾地区领导人表达了祝贺。

三　特朗普电话门对中美关系的影响

外媒普遍认为，特朗普令人震惊的举动是对近 35 年来美国对台政策的一次逾越，是自 1979 年美国吉米·卡特总统承认"一个中国"原则以来，美国总统及候任总统从未做过的事情。有媒体怀疑，特朗普是故意通过与台湾当局签订协议来激怒中国。

美国新闻网站"政治"评论说，特朗普在还未就任总统之前就已经触发了第一次外交危机，这引起了不少人关于新任总统或是候任总统究竟是否懂得或者关心外交礼节的强烈担忧。特朗普这一令人意外的举动也让白宫不得不再次强调"一个中国"的原则。美国国家安全委员会发言人内德·普赖斯（Ned Price）表示，美国依然坚持"一个中国"原则、中美三个联合公报以及美国《与台湾关系法》，美国的核心利益仍然是和平稳定的台海关系，白宫方面也一再催促特朗普尽快接受政府部门在重大问题上的建议与帮助。

《纽约时报》指出，有政府官员表示，特朗普这一通电话的长期后果可能会比较突出。中国在美国售台武器时发出了强烈的抗议，而特朗普与蔡英文的通话具有更强的挑衅性质，中国强烈反对任何国家试图与台湾地区建立官方联系的举动。中国官方媒体一直从一个积极的角度来塑造特朗普作为一个商人的形象，认为他可以与中国和睦相处。在总统大选中，相对于态度更加强硬的希拉里，特朗普更被中国的评论家所接受。而现在特朗普的行为触碰到了中国外交政策中最敏感的部分，中国政府更可能将这种举动理解为支持蔡英文的"台独"政策。

事实上，特朗普在竞选期间也没少得罪中国。《洛杉矶时报》指出，特朗普把气候变化称为"中国的骗局"，认为中国意图暗中破坏美国的经济，他还认为中国对汇率的操控加剧了美国在贸易方面的劣势，并且他威胁说要对中国的商品征收45%的关税，评论家们认为这可能引发新的贸易战争。

巧的是，就在特朗普和蔡英文通话几个小时之前，美国前国务卿基辛格，"一个中国"原则的设计者，正在北京与习近平主席会面。基辛格是否转达了特朗普的信息我们不得而知，不过可以确定的是，作为共和党外交政策专家，基辛格近来常与特朗普会面。

虽然特朗普本人甚少谈及对台湾地区的看法，但他身边聚集了很多支持"台独"的工作人员。美国新闻网站"政治"报道了很多支持"台独"的美国政界人士关于台湾问题的主张。其中有人力主利用台湾地区的独特政治意义，对中国施加压力，来迫使中国减少在太平洋地区"侵略性"扩张。还有人主张要求美国政府接受台湾当局工作人员正式访问美国，并将美国政府在台湾地区的代表机构从私人性质提升为官方性质，且对台湾地区提供军事援助等等。从传统意义上来说，共和党在台湾问题上的态度比民主党更为强硬，甚至有共和党人认为美国应当正式宣布，在中国"侵略"台湾的情况下，美国应不惜使用武力保卫台湾。

综合多家外媒报道汇编而成，由吕雪玥整理

挂羊头卖狗肉？*

——特朗普上台后的美国政治

德怀恩·伍兹

白皓辰　译

　　实际上在大选前，我打赌特朗普会输，而这也是我人生中输掉的第一场赌注。虽然在现实生活中我打赌输了，但实际上我在对平民政治（populism）的学术研究中所建立的模型显示特朗普是有机会赢的，而且他也确实赢了。我之所以没有依据我的模型进行判断，是因为我认为这样一个无政府主义者不可能被选为美国总统。事实上，特朗普的获胜对于政治科学而言并没有那么难以解释。只要运用适当的模型进行分析，政治科学家们就应当知道在特朗普赢得共和党内初选之后，他就有不小的概率胜选。在大选前夜，我们也已经有了更多的证据显示特朗普更有可能当选。实际上，民意调查是非常反复无常的。在大选一两周之前，当特朗普的丑闻被曝光时，希拉里有 7% 的领先，后来降低到 5%、2%，然后又回升到 5%。在离大选仅仅只有两周的时候，民调支持率本不应该如此地波动。人们往往认为这样的波动是数

---

　　* 本文根据德怀恩·伍兹 2016 年 12 月 2 日复旦大学陈树渠比较政治发展研究中心所做的 " 理解美国大选：特朗普、民粹主义及不自由民主的危害" 演讲翻译整理

据收集中的噪音（noise），但实际的情况是，这种波动显示不少人在参与民意调查的时候根本就没有说实话。尽管他们已经由于其党派意见的影响决定了投票的方向，但是在调查中他们却说他们还未决定投给谁。而在美国政治中实际上并不存在所谓的未定选民，只有决定了的选民和那些不投票的选民，所以所谓的未定选民基本就是那些不投票的选民。在看到如此波动的民调结果之后，我当时就应该察觉到这些民调结果与大选的真实情况实际上是几乎不相关的。特朗普采用的虽然是民粹主义（populist）的选举策略，但是他本人不是一个平民政治支持者。从特朗普现在正在筹备的内阁成员名单中我们就不难看出特朗普根本就不是平民派。事实上，从他的权力观和金钱观来看，特朗普是一个骇人的精英派。因此，一个人采取民粹主义的选举策略并不意味着从意识形态上他就是支持平民派的政治家，而是挂羊头卖狗肉（bait and switch）。

一　非对称民主（Asymmetric Democracy）：在少数摇摆州赢得相对多数

在美国民主政治的语境下，我们通常认为总统当选并且获取统治的权力是由于他得到多数人的支持，多数人都投了票给他。事实上，由于宪法并没有给总统如此多的制度性权力（institutional power），因此总统在实际操作中所运用的权力的合法性都来源于他拥有多数人支持这一观点。

但由于美国选举人团"赢者通吃"的制度使得美国总统候选人只需要赢得相对多数选举人票即可当选。这是因为美国的选举是一种"相互嵌套的博弈"（nested power game），即其既在全国层面进行，又在州的层面进行。我们通常谈论的美国大选都是关注其全国层面，选民们往往将自己作为美国这个国家的选民的身份进行投票，而不会关注到他们作为一州居民的身份。但实际情况是，半数以上的州对于总统选举并不产生什么影响，决定大选胜败的就只是在少数几个州赢得相对多数选票而已。我们现在发现，特朗普的选举策略无意之中和美国的非对称民主情况正好相吻合。我并不认为特朗普是有意为之，他只是无意之中正好选择了这样一种策略。

美国总统统治的合法性来源是全国层面的，但是实际决定选举结果的过程则在次国家层面展开。因此，某些特定的州在选举中就显得相对更加重要。这不是选举人团的关系，而是因为美国人受到强烈的派别偏见、意识形态和身份认同的影响而分裂为两大阵营的，即红、蓝之争。不论在红州还是蓝州，去不去投票都不会产生任何影响。

但由于美国人将美国的民主制度建立在全国范围内的选举上，容易造成这样一种假象，即在民意调查中人们往往将自己看作摇摆选民（swing voters），抑或叫作未定选民（undecided）。但真正重要的不是摇摆选民而是那些被动员起来的选民（mobilized voters）。这里，特朗普又一次很聪明地，几乎是本能地，当然也是很偶然地动员了选民。在特定的几个州，特朗普通过引爆某些话题来动员大量的群众。而且他正是出于动员的目的才特意在演讲中不断使用那些粗鲁的言论来引起选民的共鸣。如果你打算使用民粹主义的竞选策略，那你就是要不断使用这些低下粗鲁、耸人听闻而接地气的话语来刺激人们的情绪。

二 制度设计：意识形态的分裂 导致制衡的失效

美国的政治体制往往被认为是三权分立，相互制衡（division of powers, checks and balances），但如果总统所在的党派控制了国会两院，那么美国就不再是分权的政府，同时也缺乏相互制衡。即使总统的党派没能控制两院，那么存在的制衡也只是反对性的制衡（oppositional checks）。美国并不存在理想中从分权制衡产生的民主。共和党在奥巴马八年执政期间所做的事情充分地展示了这一点，所有的制衡都只能够是通过反对来达成，并没有事前对政策的充分商讨，有的只是纯粹的意识形态上的反对。

三　一些澄清

首先，从全球范围来说，除某些地区外，此次大选与全球化并无关系。人们认为特朗普当选是因为他反对全球化，这是错误的。全球化被牵涉进此次大选中仅仅因为全球化是一项政治议题。

其次，这场大选和不平等毫无关系。虽然平时总能听到所谓的白人中产阶级衰退之类的话语，但是这与不平等没有任何关系。所谓的白人工人阶级受到了不平等的对待，这和薪资水平、就业机会等并没有关系，白人工人阶级所谓的不平等是他们自认为的社会地位上的不平等。在此次大选中，白人工人阶级的工人阶级身份并不重要，重要的是白人身份。

再次，移民在这场选举中是重要议题，但是移民本身的选票却并不能左右选举，这也是希拉里输掉选举的一个很重要的原因。墨西哥裔移民是此次选举中的重要议题，但是实际上我们发现最近已经有墨西哥裔移民反流回墨西哥的浪潮。移民之所以重要，只是因为它是美国身份议题的一个代表符号（proxy），这也是特朗普在那些没有移民的选区表现更好的原因。例如，特朗普在宾夕法尼亚州的乡村选区中赢得了大量的支持，而这些选区99.9%的人口都是白人。而且如果你去这些地区调查，他们总会说最困扰他们的问题就是移民问题，虽然他们周围根本就没有任何移民。

最后，愤怒只有对于那些器量小的人才重要，只有对于那些在意识形态上走极端的人而言，愤怒才是动员他们的良方。这也是在特朗普周围聚集了这样一群具有极端意识形态的人的原因。特朗普为他们提供了一个发声的渠道；而他们对于特朗普也极为重要，因为他们能够动员一大批原来不一定会去投票的白人来支持特朗普。愤怒是很有效的动员人群的方法。

当然，多数投票给特朗普的人并不是因为意识形态极端或因愤怒而投票。绝大多数投票给特朗普的共和党选民并不愤怒，而且他们投票给特朗普并不是因为他们喜欢特朗普，而是出于其他原因。事实上，2/3 的选民投票给特朗普仅仅是因为他赢得了共和党的初选，只有另外 1/3 的选民是特朗普真正的支持者。而这 1/3 中，又有超过半数的选民是原本不怎么投票的白人选民。

四 共和党内精英与群众失调助力特朗普

正是因为特朗普充分利用了共和党内精英与群众之间的失调（elite - massmisalignment）而产生的分裂，他才能够赢得共和党内的选举。他得益于这种分裂产生的红利，进而最终赢得了共和党的初选。他给予共和党相对多数群众一种权力归属感（entitlement），而且他对于美国高院的一些观点也受到共和党群众的欢迎，直接吸引了部分中上阶层白人女性投票给特朗普。

共和党内部群众和精英的分歧是这样产生的：共和党的群众在 2012 年坚信他们的候选人会入主白宫，但是奥巴马在 2012 年的胜利极大地刺激了共和党的群众，预期和现实的差距造成他们的失望。共和党的群众就将矛头指向了党内的精英，将他们作为责备的对象。事实上，共和党党内精英的首要关注和偏好与党内群众的首要关注和偏好产生了偏差，精英关注那些群众并不关心的事情。特朗普所做的正是将共和党群众的关心重点和自己的关注整合在一起。

五　民粹主义模型：极化矛盾、塑造身份

民粹主义模型有一些共有的特性：首先是反精英。特朗普在所有候选人中有着最激进的反精英言论。其次，是要做到"我们与他们"的极化两分（us－thempolarization）。这种分化使得特朗普能够利用身份政治（identitypolitics）来为自己谋利。另外，还有对于"我们美国人"（we）这个身份的塑造，也就是说究竟是由谁来定义谁是美国的多数群体。这些就是特朗普所采用的民粹主义的策略。最后就是人们在判断过程中理性与非理性的转换，虽然绝大多数人平时能保持理性，但是当遇到特定意见的时候，他们就会有系统性的非理性偏见（irrationalsystemic bias）。例如，特朗普在很多时候都在撒谎，而且媒体也用事实揭露了特朗普的谎言，但是这些在特朗普的支持者面前就显得无足轻重。人们常常相信，甚至欺骗自己去相信他们所愿意相信的事情，即使有时候他们自己也不相信这些事情。

特朗普之所以能够左右人们的意见，是因为他处于一个已经被两极分化了的国家中（a polarized country）。尽管可以说这种分化围绕种族展开，但实际上它又并不是完全关于种族的。美国分化的根基在于对价值（value）认同的分化，其中包含阶级和种族的因素。用最经典的政治语言来说，美国是在左和右两种价值之间极端地分化了，甚至根本就不存在所谓的中间地带。美国政治中唯一的中间地带就是那些不投票的人，因为他们不投票，所以我们也不知道他们究竟是左还是右。在美国选举政治中，即使你想要处于中间地带，你也无法做到，因为中间地带的候选人没有办法获胜。在这样一种极化的语境中，只能选择左或者右。

特朗普通过他的民粹主义竞选策略，充分享受了美国极化政治所带来的红利。他的策略成功动员了一批原本从未被动员起来

的共和党选民。其他投票给特朗普的共和党选民，其投票就是纯粹出于党派的偏见，这部分人约占 2/3。这也就是为何我们应当在特朗普初选获胜的时候就料到他能够获胜，因为美国大部分的州都不是可竞争的州，其选票归属是几乎固定不变的。这相当于说特朗普在参加大选的时候就已经有了全部南方州和多数西部州的选票。特朗普所需要做的就是和希拉里在少数几个州中进行竞争，这也是为何他提出白人工人阶级等议题，因为在这些州中他最需要争取的就是这部分人群。

六 对特朗普任期的期望：挂羊头卖狗肉

特朗普采用的是民粹主义的竞选策略，但是他很有可能最后以一个保守者的身份就职。有趣而且讽刺的是，正是那些将特朗普选上去的白人工人阶级最终会成为特朗普当选的受害者。当然，他们这也是自找的，正是他们自己欺骗自己相信特朗普的话，将他当作一个所谓的"工人阶级的百万富翁"（working class billionaire guy）。请允许我引用奥巴马的话来指明这里的讽刺性：特朗普几乎一辈子都在试图和精英打交道，融入精英阶层，而现在突然跳出来说自己是人民的一分子，是工人阶级的一分子，你这不是睁着眼睛说瞎话吗？因此，特朗普现在所做的正是挂羊头卖狗肉（populist bait and switch）。特朗普现在已经任命了美国历史上最多的百万富翁到他的内阁之中。特朗普的财政部长来自华尔街，而希拉里备受特朗普指责并且输掉大量人气的原因就在于她过分接近华尔街。

在外交政策上，特朗普将有可能让美国重新国家化而非国际化，这和美国的全球大国身份不相符合。重新国家化即意味着美国将作为一个平等的国家和其他国家展开竞争，而作为一个全球大国则意味着为国际社会制定议程、规则等。如果一个国家强调它的国家利益，那实际上它就是在削弱自己作为全球大国的地位。而特朗普的一些主张，如要求北约和欧洲盟友负起更多的责任，就表明了他将美国重新国家化的主张，这是很危险的，因为特朗普很有可能开启美国全球力量衰退的第一步。在亚洲地区，特朗普将会采取被动反应式的而非主动出击式的策略。他将不会延续奥巴马政府主动与中国对抗的策略。在我看来，中国在短期和中期来看都是此次大选的赢家，而特朗普的第一份大礼就是美国退出 TPP。

德怀恩·伍兹　普渡大学政治学系副教授

雷克斯·蒂勒森何许人也?

——与普京私交甚密的国务卿候选人

一 没有参政经历的国务卿候选人

雷克斯·蒂勒森(Rex Tillerson)生于1952年4月23日,现年64岁。他曾参加美国童子军,并于1965年获得鹰级童军称号(美国童子军的最高级别称号)。1975年,他从得克萨斯大学奥斯汀分校毕业,获土木工程学士学位,并于同年加入埃克森美孚公司,任职至今。在全球最大的非政府石油天然气公司,从最初的生产工程师,到现如今的首席执行官,蒂勒森一路走来,用了30年的时光。

蒂勒森从未有过任何政府公共部门的任职经历,这在美国历任国务卿中可谓史无前例。蒂勒森虽没有参政经历,但他是美国国家智库之一的美国战略与国际研究中心的成员,议政经历还算丰富。尤其在经济管理方面,他那丰富的经验,是历届政客无法与之比肩的。他,一介石油大亨,担任首席执行官十年。他管理下的埃克森美孚公司,横跨六大洲,业务涉及70多个国家。特朗普曾评价他:"蒂勒森不仅仅是一个搞经济的首席执行官,更是一个世界级玩家(World - class player)。他认识世界市场上的大多数玩家,而且对他们相当了解。他曾和俄罗斯做了大笔买卖,当然,是为了帮他的公司盈利,而不是为了一己私利。"

二　蒂勒森、石油与俄罗斯

蒂勒森与俄罗斯的关系颇为外界关注。他一直以来与俄罗斯总统普京保持着良好的个人关系。两人的相识，最早可以追溯到叶利钦时代，当时蒂勒森代表埃克森公司与俄罗斯政府打交道。美国有线电视新闻网曾刊专文，详细地分析了蒂勒森与俄罗斯关系的始末。该文指出，蒂勒森之所以能在 2006 年当上埃克森美孚公司的首席执行官，是因为他与俄罗斯有着紧密的关系。蒂勒森一上任，便和俄罗斯石油巨头俄罗斯石油公司建立合作伙伴关系，接着又参与俄罗斯石油开采竞标，这一竞标价格高达数十亿美元，但能否探寻到石油尚不得而知。

2011 年，普京出席了埃克森美孚公司与俄罗斯石油公司的项目合作签约仪式，似乎从侧面反映出这一经济行为的政治重要性。这是蒂勒森领导下的埃克森美孚公司与俄罗斯石油公司合作的最大一笔生意。公司负责北极圈、黑海深海区和西伯利亚这三个关键地区的石油钻井开采。蒂勒森当时曾表示，希望借着石油方面的合作，进一步拓展美俄两国人民的合作交流，增强两国人民的友谊。时隔两年，俄罗斯总统普京亲自授予蒂勒森友谊勋章（The Order of Friendship），这一勋章是俄罗斯政府颁发给外国友人的最高荣誉。由此可见，蒂勒森很受俄罗斯政府的欢迎。2014 年，因克里米亚而起的针对俄罗斯政府的经济制裁让埃克森美孚公司蒙受了很大经济损失。蒂勒森曾公开对经济制裁表示反对。如若他被正式提名为美国国务卿，这将是俄罗斯政府最为乐见的结果。

然而，蒂勒森与俄罗斯的这层关系，也是一把双刃剑。有人认为，俄罗斯政府的干涉，才是特朗普成功当选美国总统背后的原因。提名蒂勒森，会更加深人们对俄罗斯操纵美国选举的怀疑。英国《卫报》更是直接贴出大标题："雷克斯·蒂勒森：国务卿的任命会证实普京赢得了美国选举"。该文指出，蒂勒森的任命将是莫斯科赢得的又一个胜利。

当然，蒂勒森即便当上了美国国务卿，他也未必能帮上俄罗斯什么忙。他不能单独修改外交政策，同时处处会受到美国政治制度的约束。莫斯科不会直接得益于蒂勒森的提名与任命。

除了与俄罗斯的关系外，蒂勒森还曾和库尔德人打过交道。2011年，他代表埃克森美孚公司签署了在库尔德地区开发油田的协议。这一行为直接违反了伊拉克法律的有关规定，但蒂勒森事后解释道，他这样做是为了使公司股东利益最大化。这一经济行为，违反了政治秩序，体现了商人与政客思考问题不同的出发点。

三 商业帝国到政治帝国：跨界还是本行

石油大亨打理得好公司，但是否能管理好国家呢？很多人都充满怀疑。《华盛顿邮报》评论道，蒂勒森似乎很是符合特朗普的选人标准，他是商业领袖，拥有大笔财富又在经济领域颇有建树。

一些埃克森美孚公司员工，发推文支持蒂勒森，认为他管得好一个大的跨国公司，难道管不好一个国家吗？着重强调经济管理能力与政治才华的相同之处。正可谓是"治大国如烹小鲜"，他们的逻辑是"治大国如管公司"。

英国《卫报》的评论认为，蒂勒森虽不是国家领导人，却又胜似国家领导人。埃克森美孚公司是一个比任何国家都大的经济体，有着自己的对外政策和安全保障，和普京领导的国家有很多相通之处。接下来，若是获得国务卿提名，并接受任命，蒂勒森能否实现从商界到政界的华丽转身，还要看他自己的本事了。

综合多篇报道汇编而成，由宫云牧整理

美联储加息，弱美元的内心戏与强美元的市场

孙立坚

一　对美联储政策的解读

虽然市场对美联储这轮加息早有预期，但会议声明的"三次加息"被认为意外强硬，导致市场过度反应，机构热炒，市场价格走势出现逆转，且波动行情可能会延续。美元指数再次大涨，全球非美货币普跌。是否美联储政策从此走上了鹰派的不归路？

1. 美联储的鹰派言论，并不是政策承诺，仅表示对未来可能性的看法，而非未来应该和必须采取的措施

美联储对未来的预判，是基于通胀和就业的回升，同时基于可能的特朗普施政方针产生的影响。至于美国经济未来可能出现的其他问题如何解决，并没有在此次声明中提及，所以不能据此断定 2017 年加息步伐肯定会加速。2016 年也曾说要加息四次，可是到年底才勉强加了第二次。对我们而言，想要未雨绸缪，通过观察它过去的行动，分析背后的机理，做出对未来正确的预判才是最重要的。所以，判断美联储政策未来的走势，不是听它说的，而是要看它做的。到时就业、财政赤字问题不解决，美联储

对于形势的判断可以随时改变，相应的加息次数也会随时调整。

2. 美联储寄望通过此轮加息"对经济信心投票"，且借助会议声明的鹰派表述来强化这一信心，向市场传递未来乐观的愿景，或者可以认为是出于培育多头情绪的手段

怎样理解美联储今天和市场沟通的议息会议声明所表现出的鹰派语言？看上去好像要通过加息频度的加快来实现推进强势美元的政策。事实上这种加息计划的鹰派表现，是为了防止今天加息可能会引发的市场恐慌情绪，造成大家抛售股票的行为。这种恐慌行为会造成市场环境恶化，美国老百姓的财富效应缩减，消费能力下降，阻碍美国再工业化的进程。为了避免加息带来的副作用，采用一种鹰派口吻来向市场传递对美国经济趋势的乐观预判。从而不会出现抛售股票这种资产配置方式，而是继续保持美国股市这样一个亢奋或者繁荣的状态，有利于美国经济的复苏，这个复苏来自于融资成本的降低，来自于家庭财富收入的增长，有利于解决美国再工业化和美国税基增加解决财政负担这一最终目标。

3. 美联储的政策并非它自我表述的那么具有独立性，美联储未来的加息步伐会依然缓慢，政策的"内心戏"依然是弱势美元

从过去配合民主党的政策，到未来配合特朗普的政策，美联储受政治影响越来越明显。这表现出当下美联储政策会在强势的特朗普政府影响下，倾向弱势美元政策，以解决就业压力、美元债务负担等核心问题。所以，QE 日后退出幅度也会有限，频度不高。但是，越这样，世界经济复苏就越困难，国际金融市场的动荡就越频繁。一有风吹草动，市场就会现金为王，客观上造成强势美元的结果，其他非美货币和资产价格应声下落，这又使得弱势美元的本意得不到实现，结果适得其反。

二　强势美元和弱势美元的博弈

1. 弱势美元的政策需要强势美元的市场反应，政策内心戏与市场现实的冲突

笔者与流行观点不一样在于：强势经济一定强势货币的说法完全站不住脚。安倍经济学启动之前，日本经济失去了 20 年，但日元却升值了 20 年！货币政策仅仅是大国全球化经济中寻找对自己国家有利的工具！只有经济小国才会有经济弱货币弱的因果关系。

特朗普竞选中也强调弱势美元的积极意义，弱势美元政策短期内会带来引发强势美元的市场力量，这一点让特朗普很尴尬，谁叫美元是世界的货币呢！目前美国偏好弱势美元政策，QE 退出会缓慢放长。当前的美元强势是市场借 QE 退出题材一再炒作的结果。因为今天投资盈利的机会太少，利用消息、时间做一波短期的投机套利行情成为国际金融市场的主旋律。中国市场也并不例外。

所以，这样的行情持续不了，这才是我们看到这轮危机后，各类金融资产、大宗商品价格大起大落的原因所在。强势美元只不过是避险情绪和外围经济表现不佳带来的投奔美元的消极行为而已，是市场避险力量所为。所以，还是实际利率为负的弱势美元政策格局。今天强势美元的结果，是市场避险情绪的浓重，尤其是特朗普上台以后，美国利益至上的经济政策，否定了全球化过去双赢多赢的格局，造成所有非美国家在经济低迷的环境下都投奔美元，是市场的力量推动美元的升值。这打乱了美国在 2016 年已经表现出的弱势美元的内心。2016 年本来应该四次加息，结果到年底只加了一次。力度非常有限。所以我要强调的是，强势美元是市场的力量而不是政策导致，不管是美国政府还是美联储，不存在强势美元的政策需求。

事实上弱势美元的这个内心今天导致的这种强势美元的结果，非常不利于解决美国今天最最核心的问题，就是美国的中产阶级就业问题和美国财政赤字入不敷出的问题。所以弱势美元政策，既能够找回就业，提高美国的企业在本土的盈利能力，创造税基，提高税收的贡献，同时又能够为美国的财政赤字提供支持以及降低美元债务的负担。

2. 去全球化及贸易保护主义已现端倪

如果弱势美元的政策不能实现，美国接下来会采取更严厉的贸易保护主义，也就是对所谓贸易顺差的国家实施最高的关税和限制商品的进入。由于货币价格战不灵，就会加大数量上的贸易和投资的保护主义，意图限制商品流入（鼓励商品出去），资本流出（鼓励资本流入），以保证美国利益不受损失。今天这个不成立的话，那么美国接下来会采取更严厉的贸易保护主义。也就是对它的所谓贸易顺差的国家实施最高的关税和限制商品的进入。要警惕这种去全球化的趋势！

原因是美国需要弱势美元的政策来创造它的就业机会，需要弱势美元政策来减少它庞大的美元债务负担，但不等于这种政策会有效果。因为今天弱势美元政策对美国有利对世界经济不利，外围市场避险情绪更加浓重。一有风吹草动，大家就抢美元求安全，结果反而市场的力量造成强势美元的结果，于是，弱势美元的政策退出就更缓慢。否则，强势美元对美国经济的不利就更需要在数量上实施更加严厉的贸易保护主义才能挽回就业机会。这是一步得罪全世界的险棋，特朗普是商人，他绝对懂得做生意的逻辑。

三 对中国经济的挑战

从贸易和海外投资来看，QE 影响有限，但日后贸易保护主义必将抬头，高关税（显性壁垒），以侵犯知识产权、环境标准不达标等因素为由限制进口（隐形壁垒）。对中资企业的美国投资倾向，利好资金密集型的企业，利空技术密集型的企业。另外，会要求中国政府对美开放本土的服务业和增加美国商品的采购。

资金流向和市场预期产生的影响不可忽视。美元升值带来的本币（包括人民币）贬值预期，会导致企业和家庭的资产配置短期内向美元及其资产配置，所以如何确保避免短期资本流出以及由此带来的本币贬值和资产价格下跌的预期强化问题是当务之急。另外，由此带来的外汇占款和外储的减少会增加国内市场流动性紧张的挑战，这更需要货币政策灵活应对，在流动性和币值稳定的目标之间找到干预的平衡点。

中长期来看，美贸易保护主义的推进力度和美国国内经济的复苏，尤其是就业问题的缓解对中国经济发展的外部环境起到了不可忽视的作用。从国内来看，取决于我们供给侧改革是否到位，确保在开放的环境中中资企业的核心竞争力得以提升、中资金融机构金融服务和金融风险监管及时到位、中国政府和市场良性互动的治理机制有质的改变。这几方面做得好，对 QE 缓慢退出的后遗症以及特朗普启动的对华贸易保护主义政策的挑战就可以游刃有余地化解。

QE 退出对中国金融市场的影响不可忽视。钱沉淀最多的楼市、股市、债市、汇市和银行的对私业务都会受到挑战。最后的结局，取决于中国金融开放的程度和社会大众对金融资产价格未来走势的预期。如果控制住资本流出的动向和大家对价格下跌的预期，那么，来自于本土做空自己市场的行为就会得到有效抑制，尤其中国金融机构的管理资源在中国政府的管理之下，一般不会像周边国家那样，出现金融开放环境下无法遏制的本币金融资产的价格暴跌现象，或国内投资者恐慌性离场引发严重的市场踩踏事件。

我们的问题不是楼市暴跌的问题，而是市场流动性的问题。如果央行出面搞宽松货币政策来解决钱荒问题，那么未来通胀风险、生活负担增加的问题就会加剧，从而导致今天全民理财的意愿更为强烈。于是，企业赢利能力、偿债能力都会因消费不足而受拖累。这就导致银行放出去的资金无法收回，钱荒问题更严重，货币超发的风险就更积聚，形成恶性循环。只有这种场景，才是 QE 退出方式成为一个导火索，把中国经济加快推入中等收入的陷阱，否则，QE 退出方式和做法对中国经济的影响就十分有限，不应该做过度的负面评价。

孙立坚　复旦大学经济学院教授、复旦
发展研究院金融研究中心主任

挑战与机遇：中美关系向何处去

特朗普尚未就任即触碰中美关系红线，
中国如何应对？

王　浩

12 月 2 日，美国当选总统特朗普打破中美间数十年的外交惯例，与台湾地区领导人蔡英文通电话，引发了来自中方的严正交涉。此后，特朗普不仅并未就此事件进行合理解释，反而通过"推特"接连就人民币汇率、贸易问题以及中国在南海的行为等发布对中国的负面评论，用以"反击"中方的交涉。在短短几天时间内，特朗普不仅针对台湾问题和贸易问题——中美关系三大传统敏感议题 ["3T"，即台湾（Taiwan）、贸易（Trade）、人权（Tibet）] 中的两个——频频发难，而且还就近年来极易引发两国关系紧张的南海及人民币汇率等热点问题发表对中国不利的言论，一再触碰中美关系的红线，可谓"一石激起千层浪"。

在特朗普与蔡英文通话后，不仅中国方面给予了义正词严的批评，而且大多数国际媒体甚至奥巴马政府也表达了对候任总统此种言行的不满。例如，白宫在事发后迅速澄清"美国的台海政策并未发生变化"，而包括美国《洛杉矶时报》在内的主流国际媒体也纷纷将特朗普的此种行为称作"菜鸟犯下的错误"。面对来自中方、美国现政府以及舆论的强大压力，特朗普的亲信和副手彭斯开始"灭火"，称这次通话"只是出于礼貌"。那么，特朗普近来的一系列言行反映出他在处理对华关系上可能存在哪些特点和问题？对此，中国又该如何进行应对？我认为，对于上述问题的回答需要结合特朗普的个人因素、美国国内政治因素以及中美关系格局三个层面进行思考。

第一，特朗普作为政治素人入主白宫，没有任何从政，特别是处理外交事务的经验，这就很容易导致他在面对一些重要问题时缺乏敏感性和精准拿捏的政治技巧，由此致使其行为的不可预测性较强；加之他的个性过于鲜明、言语极具煽动性，因而难免会放大其言行的政治后果。特朗普的这一特点让人不禁想起苏联领导人赫鲁晓夫，后者在美苏冷战高潮时期频频对美进行"恐吓外交"并在高度敏感的柏林问题上对西方发难，使得美国政府经常陷入被动。这种局面发展的结果是，古巴导弹事件突破了美国的战略底线，并一度使世界面临核大战的巨大风险。最终，肯尼迪政府通过有力的战略威慑使得赫鲁晓夫自食其果。因此，当前的事件给我们以两点启示：首先，从美国政府和特朗普亲信的反应来看，特朗普需要在就任后学习如何处理重大和敏感的外交问题，特别是从历史经验中吸取教训，因为两个大国间避免触及对方战略底线是政治家应有的战略敏感；其次，中国在应对今后可能出现的类似突发事件时，应该坚持习主席反复强调的"底线原则"，让对方充分意识到哪些言行是危险的和有损中美关系大局的，亦即在原则问题上立场坚定，必要时采取有力的反制措施甚至威慑，这样有助于使对方认识到事态的严重性。

第二，就美国国内政治的影响而言，特朗普虽然打着反建制的旗号赢得了本次大选，但他依然是共和党利益的代言人。因此，共和党主流的意识形态及其利益诉求难免会影响特朗普在中美关系和台湾问题上的看法。自 20 世纪 60 年代的政党重组以来，美国国内逐步形成了共和党代表的南部—中西部与民主党代表的东北部—太平洋沿岸对等极化的政治格局，而美国南部—中西部恰恰是二战后美国新崛起的军事工业中心。基于此，共和党人从自身政治利益出发，总是致力于增加美国的军费开支，其中就包括大规模武器售台。此外，涉台利益集团在共和党内的影响力也相对较大，这就在意识形态上加剧了共和党政府在台湾问题上的强硬立场。总的来看，美国内政一直以来都是影响中美关系尤其是台湾问题的重要因素，因此中国在与美国相处的过程中，应该充分认识到美国国内多元化政治—社会力量的重要性，通过拓展共同利益、加强社会间交往以增进战略互信等方式，逐步削弱美国国内"反华"政治力量的影响力，从而推动构建有利于中美关系发展的美国国内政治—社会格局。

　　第三，就中美关系格局而言，近年来，随着中国的不断崛起以及随之而来的中美"结构性矛盾"的深化，两国关系中的竞争性一面持续凸显。在这样的背景下，特朗普针对台湾、贸易、南海等议题对中国的挑衅，很大程度上是出于美国的所谓不安全感和被威胁感，尤其是在美国国内经济社会问题突出、政治两极分化的情况下，美方对于中国对外行为的进取性很自然地产生了额外的焦虑。更为现实的一点是，在当前的中美经贸关系中，美国认为自身贸易逆差的存在以及与之相伴的国内就业的流失，都是中国"有意为之"的结果，这种心态对于两国关系的健康发展明显是不利的。因此，中国在面对一个"不自信"的美国时，应在坚持自身原则立场的基础上，通过在新型大国关系理念下积极推动双方的良性战略互动，扭转美国的心态。在习主席前不久对特朗普的贺电中，中方重申了发展不冲突、不对抗、相互尊重、合作共赢的双边关系的理念，这就是两国关系在一个新的起点上应有的发展路径。特朗普政府应该也最终会认识到，同中国发展良好的战略合作关系，不仅有助于美国解决自身急迫的国内经济、社会问题，而且也有助于全球治理的推进，从而减轻美国的全球战略负担，真正实现其"美国第一"的战略构想。

王浩　复旦大学美国研究中心讲师

中国人民的老朋友

—— 美国新任驻华大使特里·布兰斯塔德介绍

一　个人生平

特里·布兰斯塔德(Terry Branstad) 于 1946 年 11 月 7 日生于美国中北部的艾奥瓦州,生于斯长于斯,是地地道道的艾奥瓦人。特里·布兰斯塔德从艾奥瓦大学毕业后,曾在军队短暂服役。布兰斯塔德的从政生涯始于 1972 年。当年,布兰斯塔德第一次当选为艾奥瓦州议会议员,并分别于 1974 年和 1976 年成功连任。1978 年,布兰斯塔德当选艾奥瓦州副州长;四年后,他成功当选艾奥瓦州州长。36 岁的布兰斯塔德成为艾奥瓦州最年轻的州长。从 1983 年到 1999 年,布兰斯塔德担任州长长达 16 年,这也让他成为美国历史上在任时间最长的州长。

特里·布兰斯塔德是管理经济的一把好手,也是艾奥瓦州州长的不二人选。16 年,四届任期,他带领艾奥瓦州渡过经济危机,大幅降低失业率,平衡政府财政收支,并通过推行历史性的政府改革,提高了艾奥瓦州政府的行政效率,为艾奥瓦州的经济发展做出了巨大贡献。

卸任州长一职后,特里·布兰斯塔德由政界转入学界,在 2003 年至 2009 年担任得梅因大学校长。在任 6 年,他将得梅因大学打造为世界高等学府。

2010 年，特里·布兰斯塔德再次参选并成功当选为艾奥瓦州第 42 任州长。在任期间，布兰斯塔德拓展了艾奥瓦州与其他地方的经济合作，创造更多的就业机会。布兰斯塔德于 2014 年成功连任，担任州长一职至今。

二　对华关系

特朗普曾当众表示，特里·布兰斯塔德是打理对华关系的首要人选（primecandidate to take care of China）。12 月 7 日，特里·布兰斯塔德公开发表声明，接受美国驻华大使一职的提名。随后，艾奥瓦州州长官方网站上贴出了特里·布兰斯塔德对华关系的大事年表。在这里，我们也来梳理一下。

1983 年，特里·布兰斯塔德代表艾奥瓦州签署正式协议，与河北省结为姊妹州省州关系。

1984 年，身为州长的特里·布兰斯塔德，带领 50 人代表团访问河北省。

1985 年，时任河北省正定县委书记习近平，率领农业代表团首次访问艾奥瓦州，并在州议会大厦会见了州长特里·布兰斯塔德。

2011 年，特里·布兰斯塔德在人民大会堂接受时任国家副主席习近平的接见。见面时，特里·布兰斯塔德邀请习近平再次访问艾奥瓦州。

2012 年，时任国家副主席习近平访问艾奥瓦州首府得梅因和密西西比河畔的小城马斯卡廷，这是时隔 27 年后的再度访问。特里·布兰斯塔德向习近平主席的到访表示感谢，并邀请习近平共赴一场老友叙旧的晚宴。特里·布兰斯塔德之后也率领 20 多人的代表团完成了回访。

2014 年，特里·布兰斯塔德带领第五届赴华贸易代表团访华，与其他州长一起，接受了国家主席习近平的接见。在访华期间，特里·布兰斯塔德还与一些省级领导和地方政府工作人员举行了会面。

2015 年，特里·布兰斯塔德在华盛顿州首府西雅图与国家主席习近平会面，一起商讨进一步开拓艾奥瓦州与中国的经贸往来。

2016 年，特里·布兰斯塔德带领第六届赴华贸易代表团，商讨扩展牛肉与猪肉出口的有关事宜。

特里·布兰斯塔德熟悉中国事务，尤其擅长处理中美之间的经贸往来。艾奥瓦州官网的帖子上，还着重强调了特里·布兰斯塔德与中国政府官员私交甚好。特里·布兰斯塔德被中美双方一致称为"习近平主席的老朋友"。当然，他也是中国人民的老朋友。但在中国的话语体系中，"老朋友"近乎官方客套的说法，能否真正发挥"老朋友"的作用，还要看特里·布兰斯塔德到任后在具体事务上的表现。

此外，特里·布兰斯塔德还与中国驻美大使崔天凯、中国农业部部长韩长赋等有着长期的合作关系。在中美地方交流中，特里·布兰斯塔德和中国人民对外友好协会会长李小林紧密合作，进一步推动美国的州与中国的省市之间的深度合作交流。

三　外媒评价

对特朗普提名新任美驻华大使一事，多家外媒进行了相关报道。英国《卫报》和路透社均在标题中强调特里·布兰斯塔德是习近平主席的老朋友，意在突出强化他的亲华形象。

《纽约时报》指出，美国的对华关系正在变得越来越复杂和充满争议性。特朗普此时提名具有亲华形象的特里·布兰斯塔德，似乎要转变对华政策的强硬姿态。在经历了对台电话门事件和推特上对中国经济政策的连续抨击后，特朗普需要特里·布兰斯塔德这样的人来协助他打理对华关系。特朗普曾在不同场合，三次称赞特里·布兰斯塔德熟悉对华事务。特里·布兰斯塔德身上最为难得的一点是，他与中美双方领导人保持着良好的私人关系。作为艾奥瓦州州长，特里·布兰斯塔德在特朗普的总统竞选初期就为其站台，是其坚定的支持者。他的儿子既在艾奥瓦州帮助特朗普举办竞选活动，为竞选造势，又与特朗普的长子私交甚密。除此之外，特里·布兰斯塔德和习近平主席互以"老友"相称，习近平主席曾高度评价1985年对艾奥瓦州小城马斯卡廷的访问。特里·布兰斯塔德鲜有发表对华不利言论，又积极推动艾奥瓦州的对华贸易往来。在经济方面，艾奥瓦州虽然一直在对华贸易中处于赤字状态，但特里·布兰斯塔德致力于扩大对华出口来平衡贸易，而不是像特朗普那样指责中国。

英国《卫报》指出，70岁的特里·布兰斯塔德的从政履历能否让他胜任美驻华大使这一关键职位还有待观察。但特朗普提名一个政治上不激进，意识形态不强，且并无争议性的人选，担任驻华大使一职，可谓一件好事儿。对特里·布兰斯塔德的提名，并不是为解一时之需，还要从长计议；特里·布兰斯塔德的职责不仅仅局限于消减特朗普电话门的恶劣影响。

路透社的报道则一针见血地指出问题所在：特里·布兰斯塔德多年的州长经历让他成为发展农业，包括种植和养猪的行家，但这些经验对与北京进行烦琐的外交事务帮助不大。特里·布兰斯塔德之前所从事的对外交往，以农业和经贸往来为主，可被称作"麦田外交"（Cornfield diplomacy），而他自身缺乏国际外交的经验，能否胜任驻华大使一职，在这里还需画一个问号。当然，也有一些学者、政客对特里·布兰斯塔德充满期待，他们认为特里·布兰斯塔德执着有才干，能打造富有建设性的对华关系。

综合多篇报道汇编而成，由宫云牧、朱汉斌整理

美国对华战略调整的选项：
美国智库学者观点综述

在美国大选进入白热化以及随后特朗普胜选之际，美国将对中国采取怎样的战略政策，不仅是中国关注的重点，不少美国智库学者对此也众说纷纭，而近期特朗普与蔡英文的电话更是一石激起千层浪。本文将聚焦 2016 年内美国智库学者有关美国对华政策的分析言论，其间不乏对立与冲突之处，却可为我们预测特朗普的对华战略提供一些线索。

在布鲁金斯学会（Brookings Institute）的研究员 Jeffrey A. Bader 看来，美国对华战略选择可划归至三种框架之下：迁就（accommodation）、遏制（containment）以及两者之间的一条中间路线，而他本人所选择的就是这条中间路线，即美国应当在接受中国扮演更重要的国际角色与在中国周边建立屏障和联盟之间维系平衡。[1] 同样来自布鲁金斯学会的研究员 Michael E. O'Hanlon 所持的反对美国对华过激行为的立场则更为偏向"迁就"的战略框架，两国对于对方的负面观念将会招致安全困境，而谨慎与冷静的政策考量则有望维系中美之间的稳定。[2]

相较之下，遏制之说在美国智库学者间则显得更为盛行。外交关系协会（CFR）的研究员 Robert D. Blackwill 和 Henry A. Kissinger 指出了遏制战略的缘由，即一个崛起的中国对于亚洲势力平衡的打破、对于美国与其亚洲盟友关系的威胁成为美国切实的担忧，并提出了一个包含了经济、军事、外交在内的综合的遏制中国的战略框架。[3]战略与国际研究中心（CSIS）学者 Joseph A. Bosco 更进一步指出，在朝鲜、南海以及台湾地区这三个问题上，美国的利益都已经被中国威胁，为此美国需要让中国在经济、外交、安全等多种维度上付出必要的代价，以扭转其在这三个问题上的扩张性政策倾向[4]，而这正是美国遏制中国战略的必要内容。

　　然而在遏制派内部，是否应当以军事为手段制衡中国却是一个相当大的争议点。来自国家利益中心（Centre for the National Interest）的 Harry J. Kazianis 是主张以军事武力的扩张制衡中国的代表，他认为面对中国日益增长的实力，美国应当明晰地定义自己的军事战略，将未来的政策重点放在亚太地区军事实力的部署上，从而对中国的行为发出明确的遏制信号；[5]但他同时也指出，这种军事部署行为应当有所限度，否则极易引发中美两国关系的失控，这反映了支持军事制衡的人士其实内心也不乏一定的犹疑。CFR 的研究员 Jennifer M. Harris 则明确表达了反对之意，在她看来，美国政府以往的对华政策过于关注军事层面，这已经在一定程度上与亚太及中国外交的现实相脱节，而在未来，经贸却更应当被用以对中国进行制衡，令中国为其外交策略承受一定的经济代价。[6]

　　与 Jennifer M. Harris 的观点相异的不仅是主张军事制衡的学者，另有一些智库学者讨论能否或如何以经贸为手段制衡中国，然而他们共享一个前提，即在中美间经济相互依存已达到了一个高度的前提下，采取贸易保护政策或不当地运用经贸手段将无疑会损害美国自身的经济利益。例如，布鲁金斯学会的研究员 David Dollar 认为，对华贸易为美国带来了失业等诸多经济问题，但这并不意味着阻隔对华贸易将是一个正确的选择，下一任政府应当采取"负责任的强硬手段"，即软硬兼施地迫使中国转变为"一个更为正常化"的贸易投资伙伴。[7]而无论是直接宣称需以经贸为制衡手段，还是主张采取"负责任的强硬手段"，它们都表明了，尽管特朗普对于国内经济增长格外关注，但这并不意味着美国政府将会以中美经贸关系的维护为重点，相反的是，令中国付出经济代价被视作可行的制衡方案，只不过一些学者在认识到美国也可能遭受的损失之后，试图在尽量抑制国内损失和规范中国的行为之间达成一种平衡。

在军事和经贸手段之外，特朗普与蔡英文之间的电话也引发了一些美国学者关于制衡中国的外交手段的热议。来自国际评估和战略中心（International Assessment and Strategy Center）的学者John J. Tkacik认为，特朗普的这一行为表明，由于以往的接触政策并无多少成效，新一任政府试图在包括台湾问题、南海问题、贸易倾销、网络攻击等在内的诸多问题上抛开往届的套路，对华展开全新的博弈。[8]不过对于这种外交手段的效用，一些学者也不无担忧，美国民众对于特朗普政府全新对华外交战略的支持度被视作影响其效用发挥程度的重要因素。[9]而在中国已经在亚太地区构建了强大的影响力的背景下，相当程度上依赖于中国周边国家的外交手段是否还能发挥效应也成为一个疑问。[10]

事实上，通过美国智库学者的观点可以发现，我们关于特朗普在台湾问题上的行为不过是为将来换取更多的经济利益增添政治筹码的认知，或许不过是一厢情愿的判断。不少美国学者甚至包括特朗普的外交政策顾问在内都对于给予台湾地区更多政治支持、改变美国与中国和中国台湾地区政治互动态势抱有热切期望。在美国企业研究所（American Enterprise Institute）研究员Dan Blumenthal和Randall Schriver看来，特朗普的电话不过是其重新平衡美国与中国和中国台湾地区关系中的第一步，以期扭转这一互动关系逐渐由中国定义的局面，但美国的重新平衡战略在中国及中国台湾地区之间并非零和博弈，它们甚至有信心通过良好的外交把控避免冲突，实现美国在海峡两岸的双赢。[11]作为特朗普团队政策顾问之一的Peter Navarro早前更已指出，美国需要在对台政策上进行调整，无须承认"一个中国"原则，亦无须承诺减缓对台军售，这一强硬政策指向的是加强美国在台军事部署以及将台湾更紧密地纳入美国的全球战略体系之中。[12]这些观点或许预示着，即使在未来特朗普试图在台湾问题上有所让步以赚取经济利益，美国国内仍将可能有不容忽视的力量推动政府继续以全面转变海峡两岸的政治局面为目标实施强硬的政策，更何况前述以贸易为制衡手段的观点已显示了特朗普政府未必会全然注重在双边经贸关系中获取经济利益。

参考文献

[1] Jeffrey A. , Bader, "A Framework for U. S. Policy Toward China", *Brookings Institute*, October 10, 2016, https：//www. brookings. edu/research/a-f ramework-for-u-s-policy-toward-china-2/.

[2] Michael E. O'Hanlon, "A Glass Half Full：The Rebalance, Reassurance, And Resolve in the U. S. -China Strategic Relationship", *Brookings Institute*, October 2016, https：//www. brookings. edu/research/a-glass-half-full-the-rebalance-reassurance-and-resolve-in-the-u-s- china-strategic-relationship/.

[3] Robert D. Blackwill and Henry A. Kissinger, "China's Strategy forAsia：Maximize Power, Replace America", *Council on Foreign Relations*, May 26, 2016, http：//www. cfr. org/china/chinas-strategy-asia-maximize-power-replace-america/p38124.

[4] Joseph A. Bosco, "America Needs to Stop Losing to China", *The National Interest*, December 4, 2016, http：//nationalinterest. org/feature/america-needs-stop-losing-china-18604.

[5] Harry J. Kazianis, "How Trump Can Make the Pivot to Asia GreatAgain", *Real Clear World*, November 14, 2016, http：//www. realclearworld. com/articles/2016/11/14/how_donald_trump_can_make_ the_pivot_to_ a sia_great_again_112118. html; Harry J. Kazianis, "Donald Trump's Taiwan Call Just Step One of a New AsianStrategy", *Asia Times*, December 10, 2016, http：//www. atimes. com/article/trumps-taiwan-call-just-step-one-new-asian-strategy/.

[6] Jennifer M. Harris, "Compete With China Economically, Not Militarily", *The Huffington Post*, April 18, 2016, http：//www. huffingtonpost. com/ jennifer-m-harris/america-china-economic-military ＿ b ＿ 9703672. html; Jennifer M. Harris, "The Best Weapon Against Chinese Expansionism is Not a Weapon", *The Washington Post*, September 2, 2016, https：// www. washingtonpost. com/news/in-theory/wp/2016/09/02/the-best-weap on-against-chinese-expansionism -is-not-a-weapon/? utm＿ term ＝. fa78329 7db67.

[7] David Dollar, "The Future of U. S. -China Trade Ties", *Brookings Institute*, October 4, 2016, https：//www. brookings. edu/research/the-future-of-u-s-china-trade-ties/.

[8] John J. Tkacik, "Donald Trump Has Disrupted Years of Broken TaiwanPolicy", *The National Interest*, December 5, 2016, http：//nationalinter est. org/feature/donald-trump-has-disrupted-years-broken-taiwan-policy-18609.

[9] Harry J. Kazianis, "Donald Trump's Taiwan Call Just Step One of a New Asian Strategy".

[10] John J. Mearsheimer, "Donald Trump Should Embrace a Realist Foreign-Policy", *The National Interest*, November 27, 2016, http：//nationalinter est. org/feature/donald-trump-should-embrace-realist-foreign-poli cy-18502.

[11] Dan Blumenthal and Randal Schriver, "Reality Check：Trump's Taiwan Call Was a Step Toward Balanced Relations", *The National Interest*, December 5, 2016, http：//nationalinterest. org/feature/reality-check-trum ps-taiwan-call-was-step-toward-balanced-18612.

[12] Peter Navarro, "America Can't Dump Taiwan", *The National Interest*, July 19, 2016, http：//nationalinterest. org/feature/america-cant-dump-ta iwan-17040.

综合多篇报道汇编而成，由王蕾整理

特朗普时代的中美俄关系

——俄罗斯视角

近日，美国候任总统特朗普在接受 FOX NEWS 采访时大放厥词，其关于"一个中国"的言论再一次"博得眼球"，引发中国方面的强烈不满。

以中美如今的实力，中美关系的任何细微变化都将带来世界政治格局的改变，尤其在复杂的亚太地区。而中美两国之外，亚太地区不能被忽视的一股力量就是俄罗斯，很大程度上，俄罗斯就中美关系的立场，将决定中美俄大三角中几对关系力量的分布甚至世界格局的改变。而就在特朗普当选后不久，俄罗斯专家就撰文表示：如果特朗普确实要与中国展开贸易战，并且利用南海问题、朝鲜半岛、日本和台湾问题向中国施压，则中国会将此视为公开的进攻——在这样的情况下，俄罗斯不可能在中美对抗中保持中立。[1]

可见，俄罗斯方面非常清楚台湾问题对中国的重要性及敏感性，特朗普此次言论一出，也随即惊动了俄方的神经。俄罗斯方面认为，中美关系不可能因为候任总统特朗普的此番言论而有大的变化，而美国也不会放弃"一中"政策，相反，暴露了其对经济及东南亚事务的极度关切。

美国问题研究专家德米特里·米赫耶夫[2]在谈到特朗普涉台言论时就立刻戳穿：特朗普在试探中国，特朗普言论是中美经济战即将打响的征兆。正在上演的中美口水仗在米赫耶夫看来，得从美国最大的问题——中产阶级经济贫困化展开说去，特朗普是希望利用"一中"言论令中国在经济上做出巨大让步，并迫使中国提高人民币汇率。总而言之，特朗普的目的不是引发中美大战，而是希望借政治挑衅向北京施压。[3]

类似的，俄罗斯社会科学院远东研究所高级研究员弗拉基米尔·别特罗夫斯基认为，特朗普涉台言论并不是重要的"历史事件"，但多少对其上台后中美关系有影响。[4]按照别特罗夫斯基的观点，美国不可能抛弃"一个中国"政策，特朗普只是摆出一个试探性的立场，看看中国的反应。不过值得指出的是，这很可能暗示了未来美国政府的对华政策和态度。当然，现在中美关系上还存在悬念的是，特朗普内阁尚未组建完毕，所以在对外关系上还存在不确定性。

俄罗斯社会科学院美国和加拿大研究所副主任巴维尔·萨罗达廖夫的论断则更加果断：美国基于"一个中国"的立场不会改变，中美关系也不会明显变差。中美有深厚的经济基础，美国对中国施压只是暴露出其对东南亚局势的关心，美国迫切地希望向处于中国势力范围的东南亚投射自身影响力，所以需要不断在该地区制造紧张局势。

众所周知，特朗普从竞选之初就向俄罗斯释放友好信号，频频发出的示好言论在俄民众间也获得积极回应。特朗普当选后的民调显示，54%的俄罗斯人认为美俄关系将在特朗普任期内有所好转。[5]此番又提名与普京交情深厚、获得过俄罗斯"友谊勋章"的埃森克美孚CEO蒂勒森为国务卿。国务卿的选择将对特朗普政府的外交姿态起决定性的作用。暂且不论这一提名能否获得美国国会批准，特朗普的行动本身已经俘获众多俄罗斯人的心。

确实，特朗普在乌克兰问题、叙利亚问题上秉持灵活的态度，这对俄美关系的缓和将有重要作用，很可能西方对俄制裁将借此机会解除。但是，只要核心问题得不到解决，深层的俄美关系就不是更换领导人能够简单改变的。

安德烈·卡拉波科夫教授[6]指出，俄美关系最终走向如何取决于谁将在特朗普事务中负责安全问题[7]。同样注意到安全事务官员对俄美关系的影响力，俄罗斯政治学者伊莲娜·阿尔克斯尼斯[8]在谈到特朗普可能的对俄态度时表示，特朗普提名退役将军詹姆斯·马蒂斯为国防部长候选人，对俄并非友好信号。[9]马蒂斯以手段残酷著称，绰号"疯狗"，他曾是美国中东地区的最高指挥官，参加过海湾战争、阿富汗战争、伊拉克战争，若其担任国防部长，很可能将对伊朗采取强硬姿态。而伊朗是中东地区对俄罗斯有重大利益的战略伙伴，届时，伊朗将成为俄美关系不确定的导火索。

可以看到，俄国内对俄美关系的走向是有冷静的判断的，没有因为美国现在的示好行为，就清一色倒向美国——这也是普京与叶利钦的区别。普京领导下的俄罗斯奉行极端的实用主义，俄罗斯精英清晰地认识到美俄无论是历史上还是当前阶段，都存在不可调和的矛盾。如今以美国为首的西方疲于应对自身的经济危机和社会内部矛盾，对近年来导致西方与俄罗斯关系僵化的乌克兰问题已现倦意，且客观说来，美国已经没有闲钱为乌克兰埋单。同时，为了阿萨德的去留，美国在叙利亚战场下的本钱也不小。更何况，制裁带来的经济损失已经令欧洲内部发生分歧，欧洲已经为此向美国施压。在这样的情况下，特朗普很可能以政治素人独有的"厚脸皮"，抛弃现任美国政府想要在俄罗斯挣得的面子，与俄罗斯在乌克兰和叙利亚问题上降低冲突格局。那么，两国关系的缓和、西方对俄制裁的取消，是俄罗斯可以在特朗普身上变现的"好处"，但更深层次的战略合作，俄罗斯会选择其"战略合作伙伴"——中国。

早在"川蔡电话门"以及特朗普涉台言论之前，俄罗斯政治杂志主编彼得·阿克波夫[10]就发表了名为《在与特朗普的关系中，普京将选择习近平》的评论文章。阿克波夫认为，俄中两国在 2012—2014 年建立起的战略伙伴关系，是符合两国共同利益和目标的。普京和习近平的联手是长期的，其中一个很重要的原因是——俄中联手可以建立新的世界秩序，从而取代"美国主导的世界"。俄中联手是面向未来，两国都希望美国只是成为世界力量中心的一部分，而非全部。所以，普京尽管满意与特朗普的关系，但考虑到民族利益，也不会放弃与习近平的关系。更何况，普京与习近平的关系是建立在俄中两国的长期互信基础上的，而普京与特朗普的关系——仅仅是俄罗斯与一部分美国精英的关系而已。

俄罗斯学者伊万·季马菲耶夫[11]则说得更加直白：特朗普可能对乌克兰问题持更加灵活的态度，在叙利亚问题上也会加大与俄罗斯的合作。但站在长久的民族利益角度，无论如何，中俄或是中美的关系都会比俄美关系要好得多。[12]

长期以来，中国对整个俄罗斯民族特别突出的"实用主义"作风都抱着谨慎态度，在俄罗斯遭遇西方制裁导致国内经济大幅下跌之后，普京积极"向东看"、与中国发展史无前例的友好关系，但中国还是担忧一旦使中俄保持紧密联系的外界压力消失，中俄关系是否将迅速冷却。而就目前来看，中俄的战略合作伙伴关系是内生的驱动力使然。俄罗斯正在享受与中国"抱团"所获得的经济利益，中国已经成为其最大的经济伙伴；同时，中俄在国际事务上有意识地共同发声确实增强了两国的国际影响力；在少数争议性问题上的沉默（比如克里米亚归属问题），至少不会为地区紧张局势添一把火。

特朗普时代，中俄关系确实可能因为特朗普对华、对俄政策而存在变数，但这变数在俄罗斯学者德米特里·苏斯洛夫[13]看来甚至对中俄关系是有利的。苏斯洛夫指出，特朗普对中国施加的压力极有可能令中国加强与邻国、欧亚经济联盟、欧盟和中东的合作。而全球治理在特朗普时代将不可避免地更加深化，以 G7 为代表的西方国家和以 BRICS 为代表的非西方国家在全球治理手段上的分歧将加剧。届时，就经济合作来说，WTO、IMF、世界银行的效率会依旧低下，BRICS 内部将由此变得更加团结；而军事方面，美国对中国和伊朗施压会令俄美的弹道部署问题更加尖锐，哪怕俄罗斯与北约的关系趋缓，俄也不会拒绝与中国合作——毕竟，俄罗斯与西方的"合作幻觉"敌不过俄罗斯与中国的战略合作。[14]

从根本上来说，想要真正搞清楚中美俄的关系，就要首先明确中美俄三国的自身定位，即三个国家分别"需要什么"。马克西姆·霍米亚科夫教授[15]谈到，中国希望成为地区领导者，不仅是经济上的，也是政治上和道德上的；俄罗斯希望在国际舞台上重获决定性的地位；而美国则希望以更少的经济、政治和军备支出维持其世界领袖的地位。中国是俄罗斯的战略伙伴之一；而美国很早以前就在国家利益上与俄罗斯不一致，这也是为什么美国时不时就会找点诸如制裁之类的方法来限制一下俄罗斯的发展；但美国对于中国，首先是对中国本身的工业、金融、经济等有想法，其次是想尽办法削弱中国在地区的影响力——在这一点上，美国政府都是一脉相承的，比如奥巴马利用菲律宾等国在南海上给中国制造点麻烦，而这次特朗普用台湾问题——本质都是一样的，只是特朗普在言辞上更具挑衅意味。

是的，俄罗斯的"实用主义"在中俄长期发展中确实是中国需要考虑的一个因素，但在特朗普带来的中美俄三国关系转换中，俄罗斯正是因为"实用主义"而选择中国。同时，中美关系如若交恶，将直接对俄罗斯本身利益带来弊端。

就这一点，俄罗斯国家杜马国际事务委员会主席康斯坦丁·科萨切夫表示，中美关系的恶化，将令俄罗斯外交更加游刃有余。但需要强调的是，对俄相当重要的能源原料领域以及外汇汇率的稳定，在很大程度上还是取决于中美关系。[16]

事实上，俄罗斯的视角在苏联解体之后已经逐渐发生转变，对俄罗斯的理解应当从对苏联的印象中独立出来。当今俄罗斯无论内政外交，出发点和焦点只有两个：一是获取民族利益；二是重塑大国形象。而美国正是在这两点上与俄罗斯有巨大冲突——冲突不解决，俄美不可能真正意义上亲近。中俄则不然，中俄在国际地位、地区事务以及国内经济各方面都可以持续合作，近两年西方与俄交恶只是加速了俄罗斯看清其与中国应当合作的利益所在。因而不难判断，特朗普执政美国，会减少俄美冲突，但不会带来"蜜月"；俄罗斯将继续亚太合作，不会搁置俄中关系；中美关系会受到少许负面冲击，但不会有根本性改变。

参考文献

[1] Петр Акопов, В отношениях с Трампом Путинвыб ерет Си Цзиньп ина, 18 ноября 2016 года（彼得·阿克波夫：《在与特朗普的关系中，普京将选择习近平》，2016 年 11 月 18 日），http：//vz. ru/politics/2016/11/18/844418. html.

[2] Дмитрий Михеев，米赫耶夫本人出生于苏联，后移民美国，曾担任里根总统及小布什总统的苏联问题顾问，1998 年后回俄，在大学任教至今。

[3] РИА Новости，Мнение: Трамп повел в отношении Китая "разведкубоем", 12 декабря 2016 года（俄新社：《观点：特朗普在"试探"对华关系》，2016 年 12 月 12 日），https：//ria. ru/radi o_ brief/20161212/1483397817. html.

[4] РИА Новости，Аналитики: заявления Трампа не приведут к измене нию политикиСША по Тайваню, 12 декабря 2016 года（俄新社：《分析人士：特朗普的声明不会改变美国对台政策》，2016 年 12 月 12 日），https：//ria. ru/world/20161212/1483382726. html.

[5]《民调：超过半数俄罗斯人预计俄美关系将改善》，俄罗斯卫星网（http：//sputniknews. cn/society/201611241021246011/）。

[6] Андрей Коробков，现任教于美国田纳西州立大学。

［7］ Тасс, Эксперт: победа Трампа на выборах дает шанс на новую перезагрузкуотношений РФ и США, 17 ноября 2016 года（塔斯社：《专家观点：特朗普大选的胜利将开启新的俄美关系》，2016 年 11 月 17 日），http：//tass. ru/mezhdunarodnaya-panorama/3790802.

［8］ Ирина Алкснис, 维克多·阿尔克斯尼斯之女。维克多·阿尔克斯尼斯在苏联解体前后担任拉脱维亚最高苏维埃代表、苏联人代会代表，并分别于 2000—2007 年当选俄罗斯国家杜马第三、第四次会议代表。

［9］ Ирина Алкснис, Действия Трампа ужепоказывают контуры его будущей внешней политики, 5 декабря 2016 года（伊莲娜·阿尔克斯尼斯：《特朗普的行为已经表现了其未来外交政策的大体趋势》，2016 年 12 月 5 日），http：//ruskline. ru/opp/2016/dekabr/05/dejstviya_ trampa_ uzhe_ pokazyvayut_ kontury_ ego_ buduwej_ vneshnej_ politiki/.

［10］ Петр Акопов, 自 2007 年起担任《政治杂志》主编。曾任职于《自由媒体》《声音》《俄罗斯消息》等媒体，并以"非自由主义立场"进行系列报道，也曾在《独立报》担任地区政治版记者。长期的从业经历令其持有突出的保守的民族主义政治立场。

［11］ Иван Тимофеев, 2011 年起担任俄罗斯国际事务委员会项目主管，主管研究、教育及与政府结构及媒体相关的出版项目。

［12］ Иван Тимофеев, Двойное сдерживание для Вашингтона: дилеммы Трампа вовнешней политике, 18 ноября 2016 года（伊万·季马菲耶夫：《华盛顿的双重遏制：特朗普外交的两难选择》，2016 年 11 月 18 日），http：//ru. valdaiclub. com/a/highlights/dvoynoe-sderzhivanie-vashington-tramp/? sphrase_ id = 9216.

［13］ Дмитрий Суслов, 2004 年起担任外事及军事政策委员会科研项目副主任，2006 年获得高等经济学院国际关系学院世界经济及世界政治系高级职称。

［14］ Дмитрий Суслов, Революция Трампа и ее глобальные последствия, 23 ноября 2016 года（德米特里·苏斯洛夫：《特朗普革命及其带来的全球后果》，2016 年 11 月 23 日），http：//ru. valdaiclub. com/a/highlights/revolyutsiya-trampa-i-eye-globalnye-posledstviya/? sphrase_ id = 9216.

［15］ Максим Хомяков，俄罗斯乌拉尔联邦大学副校长，俄罗斯金砖国家研究中心专家。

［16］ РИА Новости，Косачев：отношения с КНР и США должны помочь в достижении глобальных целей，12 декабря 2016 года （俄新社：《科萨切夫：中美关系应当有助于实现全球目标》，2016 年 12 月 12 日），https：//ria. ru/politics/20161212/1483363873. html.

综合多篇报道汇编而成，由韩雯雯整理

特朗普能否为美俄关系"重启"打开机会之窗？

马　斌

　　竞选期间不断释放对俄友好信号的特朗普当选为美国总统，似乎为近年来一直处于对抗状态的俄美关系改善提供了机遇，国际社会对此表现出极大兴趣。有观点认为，特朗普当选将有助于俄美关系再次"重启"，因为，特朗普已经清晰地表达了要改善俄美关系的愿望；也有观点认为，特朗普竞选期间发表的言论不足信，俄美双方的矛盾更不会因特朗普当选而发生根本性改变，因此，两国关系改善的前景黯淡。实际上，尽管俄美关系趋于改善还是恶化是极其重要的问题，但两国在现实世界中的恩怨纠葛无法因一方领导人更迭而泯灭。因此，与其根据不充分的材料猜测俄美关系转好、转坏或维持现状，不如讨论两国关系若发生变化可能涉及的领域、问题或障碍更有现实意义。

　　就当前俄美关系的态势来说，任何一方做出的积极变化都会为两国关系改善提供机遇。从这个角度看，如果特朗普担任美国总统后推行在竞选过程中所说的政策与俄罗斯接近，那么，美俄关系将有机会走上改善的轨道；不过，两国关系能否把握住此次机会，并沿着改善的轨道稳定向前发展，还受到很多因素影响。当然，如果特朗普上任后改弦更张，放弃竞选期间提出的对俄态度和政策，那么，俄美关系就不存在所谓的"机会之窗"。

　　不管特朗普上任后将采取何种政策，影响俄美关系发展的关键现实问题是他必须要面对和处理的。

首先，克里米亚和乌克兰问题。克里米亚被俄罗斯纳为国土是俄罗斯与美国关系跌入低谷的直接导火索，美国、欧盟等认为俄罗斯武力吞并克里米亚严重违反国际法，破坏国际秩序和地区和平，因此，它们冻结俄罗斯的 G8 成员国资格，对俄罗斯实施系列经济制裁；同时，还推动联大通过有关乌克兰领土完整问题的决议，否认克里米亚自治共和国及塞瓦斯托波尔市"脱乌入俄"公投的有效性。美国能否在乌克兰问题上坚持反对俄罗斯的立场还有一项重要内涵，对实施"西向"政策的中东欧国家而言，美国坚定维护乌克兰领土和主权完整意味着美国提供的安全保障是可信的。如果没有此安全保障，众多与俄罗斯相邻的国家将会重新调整其对外政策方向，这将从根本上动摇欧洲战略和安全框架。

其次，北约与俄罗斯的关系问题。长期以来，俄罗斯一直视北约的存在和东扩为紧迫的安全威胁，并采取一系列政策进行反制。在俄罗斯有一种极具代表性的观点，认为北约是遏制俄罗斯的军事政治组织，北约东扩的主要目标就是压缩俄罗斯战略空间，防止俄罗斯重拾大国地位。因此，尽管俄罗斯与北约曾经建立起制度性的联系渠道，但是，俄罗斯也采取多种手段对北约进行反制。乌克兰危机发生后，俄罗斯与北约关系再次紧张起来，双方发生了多轮博弈。2016 年 11 月底，俄罗斯声称要在加里宁格勒部署能够携带核弹头的导弹以应对来自北约的威胁。如果部署导弹的计划真正实施，将进一步激化俄罗斯与欧盟、美国之间的紧张关系。

不论是克里米亚问题还是北约俄罗斯关系问题，都不单纯是美俄双边关系范畴，它们在更大范围内还涉及跨大西洋伙伴关系、欧洲战略稳定等一系列事务，仅仅依靠美俄双边关系渠道无法完整解决。因此，不管特朗普执政后希望采取何种对俄政策，这种政策影响美俄关系的程度都要面临来自第三方的制约。如果特朗普政府要把改善美俄关系当作对俄政策主线，那么，他在外交层面既要说服欧盟和其他盟友，还要说服俄罗斯接受其政策主张。对俄罗斯来说，克里米亚已经属于其"领土的一部分"，美俄关系改善不能以"放弃"克里米亚为前提；对美国、欧盟等来说，承认俄罗斯"吞并"克里米亚合法则违背其根本主张，将对欧洲安全形成巨大威胁。因此，特朗普能否推动美俄关系获得实质性改善，不仅仅取决于美国一方的意愿，还取决于俄罗斯、欧盟等利益攸关方的意愿。

另外，部分乐观看待特朗普执政对美俄关系影响的观点，或多或少地存在过分低估俄罗斯政策弹性的倾向，往往认为只要特朗普伸出橄榄枝，俄罗斯就会欣然接受，俄美关系将由此转入上升渠道。不可否认，俄罗斯的确重视通过发展美俄关系来摆脱当前困境，但是，俄罗斯改善美俄关系的愿望有多大、普京领导的俄罗斯能在多大程度上接受特朗普提出的方案等都存在不确定性，而这些将最终决定美俄关系发展态势。

如果考虑到美国国内力量对特朗普推动美俄关系发展的反应，特朗普助攻美俄关系改善的能力也将受到限制。在现实政治中，处于美国外交决策体系中心的总统，既具有广泛的外交权力，又面临大量的权力制约。一方面，当前国会和军方对改善美俄关系并不积极，甚至有表示反对的声音；另一方面，特朗普拟组建的政策团队对他推行改善美俄关系的政策也是喜忧参半。根据现已公布的特朗普团队提名人选名单来看，支持和反对的声音都有。因此，特朗普究竟能否如愿推出与俄接近的政策，目前仍是一个未知数。

综上所述，特朗普表现出的与俄接近倾向对俄美关系改善是一个积极信号，然而，克里米亚问题等短期内仍然无法解决的症结阻碍着俄美关系的实质性改善。不过，美俄关系整体改善难以一蹴而就并不代表两国无法围绕共同关切开展合作。比如，在打击"伊斯兰国"威胁问题上，俄罗斯和美国就具有一定的共同利益。可以推断，这类在两国关系中敏感度相对较低的问题可能成为特朗普执政后推动美俄关系接近的现实抓手，但俄美关系能否由此转好则尚难断言。不论如何，特朗普释放的积极信号、普京政府较为友好的回应都为俄美关系再次拉近提供了可能。

　　鉴于中国与俄罗斯和美国都有紧密联系，俄美关系变化如何影响中美俄三边关系也是各方十分关注的话题。特别强调均势的观点认为美俄接近有利于防止三边关系出现不利于俄罗斯的变化，更可能利于稳定俄罗斯在三边关系中的位置，当然，具体情况如何仍需要观察。实际上，尽管权力平衡是俄罗斯外交的一个可能选项，国家利益仍然是俄罗斯对外政策的优先考量，俄罗斯更重视的是哪个方向的变化能够更好地维护和实现其国家利益。在相互依存的条件下，特朗普当选给中美俄关系带来的影响并非仅仅是简单的权力平衡游戏，中美、中俄、美俄关系所具有的众多向度，使处在其中的任何一方都具有了更大的选择余地，也面临着更复杂的挑战。如何处理双边关系变化带来的系统性影响将是摆在特朗普和普京面前的突出问题。

马斌　复旦大学俄罗斯中亚研究中心助理研究员

特朗普政策如何影响中国
投资者及企业[*]

温以乐

　　彭博新闻社建立于 20 世纪 90 年代，到 2016 年差不多已经走过 27 个年头。从刚开始的仅仅几十个成员，到现在在全球拥有 2400 多名员工，促使彭博社不断发展的是我们对记者专业主义精神的尊重和我们对各类数据的关注。不论在中国还是全球其他地区，彭博社的特色是关注市场和数据，数据始终是我们的核心。

　　今天的世界令人困惑，无论是"英国脱欧"还是特朗普当选，都无不在考验着投资者对各种"黑天鹅事件"的应对能力。彭博社通过对数据开发运用，能够为投资者的有效应对提供服务。从数据上，我们可以看到中国投资者对特朗普当选的反应：以香港市场为例，作为全球 265 只中国概念上市交易基金（ETF）之一，易方达恒生中国企业交易型开放式指数基金（E Fund HS-CEI ETF）持有同时可用与美元挂钩的港元交易的 40 家中国大型公司的股票。中国投资者对香港上市公司的大量投资，一方面是因为港元与美元密切相关，而人民币持续走低。人民币兑美元在 2016 年至今下跌了约 6.2%，根据彭博社的调查，市场预期人民

　　* 本文根据温以乐 2016 年 12 月 15 日在复旦大学新闻学院发表的演讲翻译整理。

币在 2017 年还会进一步下跌约 2 个百分点，这种幅度的下降趋势使得港元具有更高的投资价值。另一方面，中国投资者对于中国企业保有信心。

中国投资者在特朗普于 11 月 8 日当选时的表现与"英国脱欧"的表现如出一辙，几个股指都出现了较大幅度的增长。事实上，这样的增长与全球的经济形势密切相关。无论是英镑还是欧元的大跌都使得与美元有更多黏性的港币有更为显著的增长，使得中国投资者保持更为持久的热情。更为重要的原因是中国整个经济形势，尽管一些媒体在热炒中国经济增长下滑这样的话题，但现实却是中国的股市在"脱欧"和特朗普当选时表现依然良好，与大洋彼岸的美国股市表现形成鲜明对比。

这究竟是为什么？首先中国经济增长虽然放缓，却仍旧拥有十分稳定并且不断增长的消费市场。尤其值得注意的是中国的经济增长在全球主要的经济体中仅仅次于印度，达到 6.7%，而且这样的增长是建立在经过数十年高速增长所建立的巨大基数的基础上。中国 2016 年 GDP 的增长量相当于荷兰全国的 GDP 总量。当第二大经济体能够保持如此快速度的增长，中国投资者对中国经济的信心是合情合理的。

需要指出的是，中国主要公司的股指都表现优异，尤其在中国股市的能源板块，一些国有的石油企业在股市上成长依旧迅速，尤其是在油价大幅下跌的状态下，这些企业的收益增长仍旧表现惊人。中国的这些国有企业更不易受国外动荡油价的影响，因此能够保持更大的收益分配。相较其他地区的同类型的公司，中国能源企业的表现依旧可圈可点。这些现象是那些热炒中国经济下滑现象的人所没有注意到的，而他们对此的忽视也造成他们对整体中国经济形势判断的失误，导致他们无法解释很多中国股市的表现，同时也会使得投资者丧失相应的投资机会。

再看看美国的经济状况。美联储主席耶伦刚刚宣布加息，这表明美国现在的经济成长相当的健康，同时美元相比较于其他的货币也在不断升值。还有一个相当使人振奋的现象，就是女性在各个领域都在逐渐扮演越来越重要的角色，如我们看到美国越来越多的女性晋升到政界、金融界和企业界的高层，而且她们在这些职位中的表现往往要比那些男性同僚更为出色。我们搜集整理了 3000 多家公司的数据，发现那些女性高管在管理层占比更高的公司往往在股市上表现更好，这往往突出体现在这些女性高管掌控的公司往往能够与市场之间实现更及时有效的沟通，因而其表现也更为稳定。如果看一看第一任女性美联储主席耶伦任职期间债券市场的表现，我们会发现就市场的成长性和稳定性而言，她的表现要远好于其前任伯南克和格林斯潘，这应该归功于耶伦执掌下的美联储往往能够保持与市场之间的高度沟通和回应。

彭博社对特朗普执掌下的美国政府如何影响整个美国经济以及世界经济的分析不是建立在猜测的基础上，不去过度关注政界竞选人的言论及其所体现的意识形态等问题，而是关注市场的表现。事实上市场数据能为我们扫除许多繁杂的信息并反映事实的真相。参与市场的行为体真正押注于市场之中，他们的投注一定决定着他们投票的趋势——市场反映出候选人当政后真正的决策。特朗普在选前说的很多话不仅让很多美国人咋舌，也让全世界很多人受到了惊吓。但事实上，选前说什么和选后做什么完全是两码事，但目前还不能有效估计他说过的哪些话会成为真实的决策。我们知道他出身于娱乐行业，对这样曾经是真人秀主持人的总统，市场的表现并没有不理性，反而是显现得十分理性。市场表现反映出中美之间的经济贸易仍旧将在一个比较稳健的条件下发展。

我对特朗普的当选的确有点出乎意料，但彭博社对任何一个候选人当选都有所准备，这次大选逆转的关键是宾夕法尼亚、密歇根和威斯康星，其中密歇根和威斯康星从 1988 年以来就没有再投过民主党。美国的股市在特朗普当选一开始就大幅下跌，尽管如此，市场信心还是得到了迅速恢复，之后主要的股指又开始重新增长。人们对市场表现的许多分析很容易忽视一个重要的因素，那就是奥巴马总统。奥巴马总统治下的美国经济运行状况是解释市场表现的重要因素。现阶段的美国经济在全球的发达经济体中表现最为优秀，无论英国还是德国都不及美国的经济增长率，而且这一增长率是 2008 年金融危机以来最为优异的表现。可以说，美国经济基本上已经从 2008 年经济萧条中恢复。

我们曾将每一次特朗普支持率上升甚至赶超希拉里时市场的反应进行整理，发现市场并没有对此有显著性的负面反应，可以说市场对特朗普当选有所准备而且市场的后续表现是可以理解的。

美国媒体在选举季的表现并不尽如人意，因为美国包括金融媒体在内的许多媒体都没有充分地报道美国经济的真实状况。许多美国公众并不了解美国的经济在发达经济体中的表现最为优异。另外，自由贸易的益处也没有被充分报道，在候选人中更是如此。以引发极大争议的北美自由贸易区为例，建立自由贸易区并不是为了增加工作或者减少工作，而是为了让经济更为有效。许多美国民众都忽视了这一点。要知道，我们生活在科技驱动成长的 21 世纪，试图复兴所谓的挖煤这样的传统行业，不仅愚蠢而且注定会遭遇失败。

对于特朗普当选对中美贸易所产生的影响，首先要注意的是特朗普并没有赢得普选票。事实上希拉里赢得 200 多万张普选票，希拉里在普选票上所取得的优势不仅超过肯尼迪多于尼克松的选票，超过尼克松多于休夫莱的选票，还超过卡特多于福特的选票，以及戈尔超过布什的选票。这些给希拉里投票的人并没改变他们的想法。特朗普把中国视为"汇率操纵国"，这种看法跟事实完全相反。因为我们看到中国正在阻止其货币贬值的趋势，特朗普这样的说辞实际上是挑选了错误的时间点。至于中美之间的贸易，显然是互相受益的。不仅仅是对中国有益，对美国的经济来说同样如此。发展稳健的双边贸易关系显然对双方来说都是正确的选择。

对于奥巴马治下 TPP 的遗产，显然这样的贸易协定有助于在多个方面实现亚太地区的贸易整合，提高相关方面的行业标准，但在选举中却很容易被刻画成损害美国经济的政策。希拉里在 TPP 上完全被特朗普牵着鼻子走，尽管她是 TPP 最早的谈判者之一。至于国会中的一些共和党人，他们无论如何都不会与奥巴马政府合作，如果奥巴马对国会说早上好，这些共和党人都会将其视为一种侮辱。

强势美元将有助于美国的对外投资，也是经济成长良好的一个指标。特朗普投资基础设施建设的计划需要联邦政府的巨额投资，而特朗普大规模减税的努力仅仅会在短期内增加就业机会，长远来看，却会让政府的财政捉襟见肘。历史上国会中共和党大规模的减税努力耗尽了克林顿政府时期留下的财政盈余。美国如果采取减税，却没有更多的财政盈余，这将使得削减债务更为困难。

无论是特朗普当选还是"英国脱欧"，对于现在跨大西洋的"政治回流"，需要我们注意的是很多错误的判断广为流行。比如英国公投前包括 BBC 在内的许多媒体都在热炒英国交给欧盟的大量会费在"脱欧"成功后可以转而注入英国的国民医疗系统，这一点是完全错误的。此类错误的认知在今天这个时代经过媒体的传播产生了更大的影响。推动"脱欧"的领袖在公投后也承认那些钱不能注入英国的医疗系统。但很多英国人却听信了他们事先在媒体上的宣传，媒体应该有责任澄清这些流言。但遗憾的是许多媒体从业者并没有相关专业的充分知识储备，因此成为这些不合真实情况的流言传播的助推器。在美国的情况也同样如此，在辩论中桑德斯从未强调美国是全球最强大的经济体——事实上加州如果作为一个独立经济体来核算的话将在世界各国中排名第五，这些事实在选举中被系统性地忽视，也影响了选民的选择，而选举的后果却需要选民自己去承担。

温以乐（Matthew Winkler）　彭博新闻社联合创始人、名誉总编

纳瓦罗执掌美国国家贸易委员会，中美贸易战概率增大

郑　宇

一　纳瓦罗：极端反全球化的经济学家

纳瓦罗是特朗普团队中唯一一个有学术背景的成员。但作为一名在加州大学任教的经济学家，被提名为新设立的国际贸易委员会主席并不是因为他的学术成就和地位，而是因为他极端的反全球化的政治言论。他曾出版过一本名为 *Death by China* 的书，后被翻拍成同名纪录片，在网络上流传广泛。在纪录片中，美国所有的经济问题都被归咎于中国的贸易，甚至认为中国是所有问题发生的"幕后黑手"。而事实上，他的分析是完全错误的，这样的分析也说明了他不是一个理性的经济学家。如果他仅仅利用媒体来传播反全球化的思想，这并不可怕。但让一个持有极端言论的人来主导美国贸易政策则是一件很危险的事情。纳瓦罗不认为自由贸易对所有国家都有利，而把贸易看作零和游戏、军事冲突的战争的延伸，不存在双赢的局面。如果他把这样的观点带入经济决策的制定的话，贸易战争发生的可能性会比较大。因此，对于特朗普任命纳瓦罗来主导美国贸易政策的决定，美国的主流经济学家和主流媒体是持批评态度的，因为大家认为选择了纳瓦罗，两国间展开贸易战的可能性就会比较大。

二　特朗普对华三种潜在贸易政策与后果

从言论上来看，纳瓦罗的政策思路是反全球化的贸易保护主义。预测特朗普上台后会采取什么样的政策是困难的，但我们可以分析每一种可能的政策会带来的后果。有三种可能。第一，在现有体制下，特朗普会针对某些行业（尤其对中国）加强贸易保护手段。这在之前上任的总统里也有过先例。例如，小布什上台时对进口中国钢铁的限制，奥巴马上台时对中国的轮胎征收额外关税。这些本质上起到向美国国内民众表现政府姿态和立场作用的做法，其实并不会从根本上改变大局。第二，如果美国政府明确要对从中国进口的所有商品都征收额外关税，再加上正式指责中国操纵人民币汇率，那会造成很严重的影响。不论这两种情况中的哪一个真正发生，都代表着一场真正的贸易战。第三，可能会带来最严重的后果，即将现有贸易体系全部推翻的做法。如果二战后建立的，以美国为主导的全球贸易体系——TPP、北美自由贸易协定、WTO 等，全部回到体系形成之前状态，进入全面贸易保护主义的话，将会使全球都被卷入这场贸易战争。这三种可能性实现后带来后果的严重程度是逐步递增的。

三　理清虚实，沉着应对

关于纳瓦罗可能会如何处理对华贸易政策、人民币汇率问题，我们要分清在特朗普和纳瓦罗发表的言论中，哪些是值得探讨的事实，哪些是完全错误的言论。举个具体的例子来说，纳瓦罗认为，美国对中国的贸易逆差大是因为中国人为压低人民币的汇率，导致美国出口商品的竞争力低于中国。然而事实上，人民币汇率在 2005 年以来一直在升值，直到最近。而在这期间中美贸易逆差是在不断扩大的，说明"人民币低估导致中美贸易逆差"的说法是很难具有说服力的。若政府任由人民币汇率跟随市场的波动进行变动，人民币贬值幅度将会更大，对中美贸易平衡的打击会更大。

从 2015 年来看，两国间贸易逆差达到将近 4000 亿美元。仅从数据来看，中美贸易逆差确实很大，但具体来看，美国对中国的出口在近几年增长非常大；相较其他国家，近十年来，美国对中国的贸易出口的增长最快。从这一点来看，中国市场对美国在经济复苏方面有很大的贡献，而中国对美的出口中有相当一部分来自于在华的美国企业。从理性角度出发，在这样的局面下，仅凭特朗普上台后的一项政策，是很难改变现状的。原因在于，如果对中贸易政策有所改变，现有的美国企业和许多劳动者的利益将会受到很大的损害。如果有贸易战的话，最先受到冲击的就是美国农产品的出口，美国的农民也会因此蒙受巨大损失。

中国应该如何应对？所谓的观察都只是局部的，要对未来的发展进行预测其实有一定难度。我们需要结合更多视角来观察中美经贸关系。从综合的视角进行宏观考虑，而不是从某一个人的上台和他的言论来分析问题，因为现在这个人的言论最终能在多大程度上转化为政策，还是未知。美国政府是在一个高度制度化的体系下运行的，任何一个政策的出台都需要经过层层的讨论，最终实施的政策即使有贸易保护主义的色彩，也必然是不能带有个人极端思想的。若政府决策受到极端言论左右，这样不明智决策的结果，不单单是会使中国受到冲击，所有的国家都将会面临众多不确定的问题。现如今，中国只不过是被作为贸易战的主要目标而已。所以，中国不必要对不合理的过激言论有过度的反应，冷静观察、不乱阵脚才是正确的应对。

郑宇　复旦大学国际关系与公共事务学院教授

看淡国际贸易伪命题，变压力为动力，推进结构改革

张　军

一　轻视国际贸易的伪命题

在中国入世 15 周年的时候，美、日、欧相继提出不承认中国的市场经济地位。今天我在北京参加论坛时，就和原外经贸部副部长龙永图谈及这个问题。我认同他的看法，在国际贸易领域，是否承认市场经济地位实际上是一个伪命题。我们要认识到，是否承认都没有关系。一方面，我们也从来没有被要求去承认某个国家的市场经济地位，更何况国际上也从来没有一个市场经济的统一标准。另一方面，反倾销调查和反倾销税，从来都不是针对一个国家，而都是针对具体的产品，以及产品后面的产业，在这点上，我们往往存在误解。从 20 世纪 90 年代到现在，总是有发达国家对中国征收反倾销税，这在贸易战中是非常常见的事情，完全看具体的产品和产业。任何一个反倾销调查和反倾销税，其背后一定有相关产业的利益集团在游说政府。西方发达国家是否启动反倾销调查或者征收反倾销税，和它是否承认这个国家拥有市场经济地位，并没有直接关系。中国政府和民众没有必要太在乎这件事。

中国政府仍旧应该遵从这样的趋势，即让各个国家按照 WTO

的协议承诺减少对其他一些产品直接或者间接的补贴，在规定的时间内消除一些不公平贸易上的做法。我们也要认识到国际事务并不是那么简单与纯粹，各个国家最终还是会以国内利益优先来制定政策，来衡量与判定国际的行为。当国内一些产业或者企业巨头认为自身利益受损，就会去游说政府，政府也很有可能由此就去保护国内产业。由于缺乏惩罚机制，或者说惩罚机制相对较弱，即使启动调查，其过程也非常漫长，各个国家也并不会期待用法律的手段达到目的。因此，美国才会无视 WTO 的存在。如果国内利益集团因为贸易不利因素活跃起来，发达国家政府还是会选择站在国内利益集团的一面。所以没有必要对日、美、欧盟的这种反应太当回事。

二　直面国内扭曲错配现象

回过头来，我们反思中国，必须认识到，国内产业发展过程中，自身存在错配和扭曲的现象，这些扭曲现象长期没有得到很好的解决。当日、美、欧盟和其他发达国家提出来说不承认中国的市场经济国家地位时，我们可能反而需要很好地思考，我们该减少扭曲，让企业贸易变得更加公平，其目的不在于让其他国家承认我们的市场经济国家地位，而在于自身更好的经济发展。我们需要推进改革，减少由于国有企业的存在所造成的扭曲和不公平。比如，国有企业在获得银行的贷款，以及土地等资源上，由于它们和政府天然的关系，占据了大量的资源，从而造成国内市场竞争的不公平，使行业发展出现这种扭曲的现象。这种扭曲需要我们不断地进行改革。这种改革有我们的利益所在，因为它能够促进经济更好地、公平地发展，让民营企业有更好的发展前途。我们完全可以把这种外界"不承认"的压力，变成国内经济改革的动力和助推力——推动经济的市场化，改革国有企业，营造公平、竞争的市场环境。这符合国家利益以及经济增长的要求，是我们本身内在动力驱动要做的事情。

三　维护 WTO，吸纳新兴市场成员

对于世界贸易组织而言，它从最早的关贸总协定（GATT）一路发展而来，是全球化过程中产生的必然的多边组织。中国和新兴经济体是全球化的获益者，中国应该维护全球化的价值，而且中国也应该有更多的话语权。全球的自由化和自由贸易符合大多数发展中国家的利益。对于发达国家来说，全球化对它们已经产生了转型上的冲击，并带来相应的痛苦。因为这些国家通常难以推动自身内部的结构性改革，所以大多数的行业在全球化过程中受到了伤害，从而影响比如中产阶级的收入的增长以及福利等。但是，到底是应该通过退出 WTO 和全球化，还是应该在全球化的框架内推动并提供国内改革的条件，发达国家似乎选择的是后者。这也是对老百姓直觉反应的应对。它们应该理性地思考，了解如何以更为开放的心态与新兴市场国家进行合作，来推进自身的结构转型。发达国家和新兴市场国家面临同样的结构改革和结构转型的问题，但是它们往往自己不承认这点，反而把利益上受到的短期影响怪罪于全球化进程。事实上，发达国家应该以更为开放的态度来拥抱全球化。中国有这个能力，也应该呼吁更多的国家来参与到全球化的过程中。如果有更多的新兴市场经济国家在其中扮演角色，哪怕少数发达国家对其有歧义，世贸组织依旧能够发挥它的作用，这对 WTO 未来的发展应该也不会产生太多的影响。换言之，WTO 也需要吸纳更多新兴市场成员的参与。如果 WTO 还是长期由那些国内结构改革上无法有作为的发达国家主导，往往会出现发达国家和新兴市场国家陷入僵局的情况，也让全球化和自由贸易变得相对缓慢。

四　变压力为动力，推进结构改革

在前述的大背景下，尤其是特朗普上台后，在接下来的两年，美国会给中国制造越来越多的麻烦，这些麻烦未必会给美国带来多大的利益，但是势必会给中国带来损失。

中国应该继续着力于两件事情：首先继续推进过去那些年已有的战略性的布局——包括"一带一路"、亚投行乃至金砖国家等，必要的时候还可以吸纳更多的成员。事实上，美国最需要"一带一路"和亚投行，因为它需要融资，需要搞基础设施建设。我们也需要在这点上做更多的工作。

其次，中国需要把更多的精力放在国内建设上，变外部的压力为国内经济改革的动力。这是我们需要认真考虑的。现在中国面临很多的问题，大家也达成了共识，即中国经济在过去十年超常的繁荣中，留下了一些结构性的问题，一直没有认真地加以处理。过去十年，尤其是金融危机以来，我们在国际上承担了很多角色，国内的结构改革却没有真正地加以落实。或许这是一个很好的机会，能够把注意力放在国内，好好思考解决国内的结构性问题，如僵尸企业越来越多，行业中国有企业比重的不断上升，民营企业的投资意愿不足，很多人对中国未来的经济发展信心不够，地方债务高企，财政和税收上的改革需要继续加快，农村集体土地流转乃至城市化的问题。这些问题一直在提，但是似乎一直没有真正着手进行解决。我们不要用太多的精力来对付特朗普制造的各种噪声，减少税负，土地的流转，加快城市化进程以及国有企业改革的真正落地，可能反而能够大大缓解经济下行的压力，中国经济的反弹可能是指日可待的。未来十年、十五年，中国还是需要快速发展才能跻身发达国家的行列。

张军　复旦发展研究院副院长、复旦大学经济学院院长

别了,奥巴马; 南海,美国来与不来

奥巴马访问古巴，这是一场
怎样的国事访问？

一　美古关系改善的主要意义：有助于
　　提升地区层面的发展

宋国友教授（复旦大学美国研究中心副主任）：美古关系改善，更多的是在地区层面会产生一定影响，不会影响国际格局。其影响和意义主要是在三个方面。

首先，对于美国而言，这是一个非常重要的外交举措。美古关系缓和，对于改善美国的国际形象、拓展其在拉美地区的影响力，以及减少美国外交负担很有帮助。尤其是对美国总统奥巴马而言，访问古巴是其确定外交政策遗产的标志性事件之一。

其次，美古关系改善对于古巴政府也很有帮助。其积极意义主要在于，有助于古巴打开美国市场，有助于解除美国对古巴的封锁和经济制裁，有助于古巴更好地融入地区和国际社会。除此之外，双边关系的改善，对于古巴政府提升在国内的政治影响力也很有帮助。

最后，是从拉美地区层面出发的。美国对古巴政策曾引发拉美地区国家的很多不满和指责，给美国同拉美地区关系的顺利开展造成了不小的阻碍。美古关系的缓和有助于改善美国和拉美国家的关系，有助于拉美地区更好地发展。

牛海彬副研究员（上海国际问题研究院）：美古关系缓和，最主要的意义在于，这代表了国际关系发展的趋势——不同国家、不同文明间都要通过采取对话的方式来处理彼此间的问题。在对古巴采取了50多年敌对、封锁政策之后，美国并没有实现改变古巴政权的目的。这表明冷战后国际关系力量对比日趋平衡，国际社会更多地通过对话解决问题的趋势。当然，美古关系缓和还包括其他层面的意义。以近年来的美洲峰会因美国制裁古巴遭遇部分拉美国家抵制为例，美国借美古关系正常化寻求改善美国在拉美地区的外交局面。

王正绪教授（复旦大学国际关系与公共事务学院政治学系）：总的来说，美古关系的缓和是美国承认当前国际大趋势的一种表现，美国继续孤立古巴是不符合当前国际局势的政策。近年来，美国国内面临美古关系正常化的压力越来越大。美古问题之所以拖到了2014年，从美国外交状况来看，主要还是因为古巴在美国外交中还是一个比较小的问题，美国政府在这方面还是能够承受一些压力，可以"不作为"。但是奥巴马和以前的总统不太一样，他比较主动地去解决这个问题。美古关系缓和还是一个相对比较独立的事件，是一个历史遗留问题。克林顿时代，美国和越南关系实现了正常化。奥巴马在外交上有一定的正义感和理想主义，也比较敢担当。在他任期快要结束的时候，下决心解决了美古关系的问题，也是一个比较好的结果。

二　美古关系正常化是美国调整 全球战略布局的体现

宋国友教授：从美国全球战略角度看，美国改善同古巴关系是奥巴马政府全球缓和战略的重要内容。美国在伊朗核问题上取得了很大突破，现在在古巴问题上也取得了历史性的进展。这些，对于美国抛开历史包袱很有意义。随着美古关系改善，美国将能够抛开战略上的包袱，轻装上阵，集中力量处理好一些更为重要的事项。特别是在打击恐怖主义、重返亚太方面，美国将能够更有作为。

王正绪教授：这和奥巴马总的全球考虑是相通的，比如在阿富汗撤兵等行为，都是奥巴马的外交政策相对于布什时代的主要转变之一。奥巴马时代美国的确开始全面调整全球战略布局，主要涉及了中东、阿富汗、伊拉克撤兵、解决伊朗核问题等。一方面，美国的霸权地位在消减，其影响某个地区局势的能力在下降，所以要做相应的收缩；另一方面，美国意识到在21世纪未来的二三十年中，其面临的主要战略挑战是中国或者说是亚洲的崛起，所以从军事上、战略上和经济上来说，美国将重点调整到了亚洲，也非常重视在亚洲保持其经济影响力。在这种大背景下，美国调整了对古巴的关系，也是想要加强其与拉美的关系，巩固其在拉美的影响力。

牛海彬副研究员：美国总统奥巴马在2014年底宣布同古巴启动关系正常化进程，是美国全球战略调整的一个表现。奥巴马刚刚入主白宫之际美国正处于内忧外患之中。内忧外患和价值观方面的问题使得奥巴马政府表现出国际战略相对收缩的姿态。美国重返亚太主要是为了抓住亚太发展的机遇，试图有所作为。而在其后的乌克兰问题、"伊斯兰国"问题上，美国都在军事手段上保持了相对克制的态度。伊朗核危机问题上，美国呼吁国际合作解决。美国在美古关系正常化问题上，得到了包括罗马教皇在内国际力量的协助，压低身段以改善同古巴关系。这些方面，反映了在美国力量相对衰弱的情形下，美国调整自身的战略，更为注重通过对话和协作来解决国际问题。美国试图以自己的综合实力来改变世界，尤其是综合运用军事实力、经济实力和价值观。奥巴马访问古巴，有两党数十位议员陪同，表明美国国内在这个问题上存在一些共识。美古关系缓和反映了美国国际战略的调整，对今后美国的全球战略会有一定影响。

三   美古关系正常化，中国乐见其成

宋国友教授：美古关系改善不会影响中国同拉美国家的关系。我们不要从地缘政治竞争和博弈的思维角度，狭隘地看待中国、拉美和美国之间的关系。不要认为美古关系改善就是针对中国和拉美关系展开，不要认为中国利益一定会受到损害。这样一种非此即彼的认识，既不符合国际关系发展的潮流，也不符合中国的外交现实。中国的外交逻辑和拉美对话的外交逻辑的合力，将使得中国对拉美政策不会因美古关系改善发生大的变化。

对此，有三点原因：第一，中国与包括古巴在内的拉美国家双边关系的发展是符合双方共同利益的。而且这种双边关系的发展，是以和平建设性为主、以不损害第三方利益为前提。第二，中国和拉美关系有着非常坚实的经济、政治和社会基础，不会因美古关系的改善而受到伤害。包括古巴在内的拉美地区的主流是支持和中国发展正常健康的双边关系。第三，从美国自身外交关系而言，美国同古巴改善关系，不是针对中国出发的，如同中国同拉美关系没有针对美国一样。从某种角度来看，中国乐于见到美古双边关系的改善。这样就能创造一个更好的发展环境，客观上有助于中国在该地区实现政治、经济和外交目标。

而与此相关联的就是美古关系改善，中国对拉美的政策也不会变。中国对拉美政策有两个逻辑。一个就是中国外交发展自身的逻辑，作为一个负责任的大国，中国坚持为全球的和平发展创造外部环境。

另一个就是拉美国家的对华逻辑。中国同拉美国家发展关系必须符合拉美国家的需求。拉美国家的需要主要是，通过中拉关系的发展，来创造经济社会发展、社会稳定、国家治理的机遇。

在这个背景下，拉美国家也不希望中国的政策发生大的改变。

牛海彬副研究员：美国此举不会严重削弱中国与古巴及拉美地区国家的联系。中国对拉美的政策有一个很好的规划，从 2008 年的中国政府对拉丁美洲及加勒比地区政策文件，到 2015 年中拉论坛首届部长级会议召开，都体现了中国政府的规划，这些规划和政策路线也不会轻易改变。作为双边性质的"中拉论坛"，拉美国家会主动试图影响中国对拉美政策的制定。中国同拉美的关系的发展，最主要还是取决于中拉双方的互相协调和改进，美国在这个过程中很难发挥实质性影响。目前中国对拉美政策需要注意的是，企业在"走出去"过程中要更加注意东道国当地的法律、制度和环境，中美作为投资方在促进拉美改善自身投资环境上也有共同利益。

王正绪教授：美古关系正常化，中国与古巴的关系不会受到影响，双方还是会保持良好的外交关系。中国从没想过用古巴来制衡美国。现在与美国关系正常化以后，古巴成为国际社会的一个完整成员，这对古巴的发展来说一定是好事，中国也是乐见其成。美古关系正常化其实对中国来说也是一件好事，因为美古关系正常化了，我们与古巴关系的发展就没有顾虑了，不会去担心中古关系发展会被美国视为威胁了。

中国可以考虑通过适当的渠道、方式，对美国外交上迈出的这一步给予肯定和赞许，这也是增强中美互信的一种方式。

目前，中国对整个拉美地区的态度是非常正面的，很积极地支持和参与拉美国家的发展。美古关系的缓和不会影响中国的拉美政策，我们的政策还是继续扩大与拉美地区的合作，继续加强对拉美发展的支持，实现互惠互利。目前中拉关系的主要问题是拉美国家的经济和政局稳定性。比如说目前巴西经济萧条，中国的出口需求会减弱，对我们来说是有冲击的；委内瑞拉的经济出现比较严重的问题，中国与其经济合作中的一些利益可能会受到比较大的影响。所以说，目前中拉关系面临的挑战不是来自美古关系的正常化，而是来自拉美国家内部的政治和经济问题，如果拉美国家情况不稳定将会对中国造成较大的影响。

对于中国国内来说，我们的企业应当抓住这一机会到古巴去，美古关系正常化后古巴市场开放，我们不会再像以前一样依靠国家与国家对接的方式，美国的企业和资本要进入古巴的市场，我们中国的企业要抓住机遇。古巴政局比较稳定，社会秩序良好，劳动力素质很高，而且对中国一向抱有非常友好的态度，对中国的企业是个极好的机遇。不光是大型的国有企业，小型的、微型的民营企业，也有很多机会。想创业的年轻人，到古巴去开一个店甚至餐馆等，都是非常好的模式。我们的银行等金融机构也应该对这样的年轻人提供支持。

四　美古关系的改善道阻且长，
对国际格局影响有限

牛海彬副研究员：因美国国会内部两党共识有限，这些问题的解决相对困难。营造两党共识、调整美国一些议员意识形态至上的心态也还需要时间。在奥巴马任期内，美古关系缓和只是一个开端。两国关系的彻底改善，可能还需要一两任美国政府的努力。

王正绪教授：美古关系的改善对国际格局的影响不是很大。这一缓和的时间已经相对较晚了。冷战早已结束，美国现在改变了对古巴的政策只是认可了当前的国际大趋势，当前的世界格局早已能够接受美古关系发生的这种变化，不会受到明显的冲击。所以对于国际格局来说，美国此举只是认可了国际格局的发展趋势，并不能在很大程度上改变国际秩序。美古关系缓和已经是走上正轨不会倒退了，下一步双方只需要进行谈判，协商如何解决这些具体的问题。比如关塔那摩基地怎么关闭，怎么把设施移交给古巴，等等，肯定是需要双方进行谈判的。另外，美国和古巴的领导人换届，这些因素是否会带来不确定性，还有待观察。但美古问题作为冷战的一个长期遗留问题应该算是解决了，就这一点来讲，还是应该给奥巴马点一个赞。

宋国友教授：美古关系的未来将会是有限改善前提下的缓和发展。就是说，美古关系不可能直接从"冬天"迈入"春天"，人权问题、归还关塔那摩等一些非常重要的限制性因素不会在短时间内消失；但两国关系缓和以及美古双边关系加强的大趋势不会改变。美古关系未来发展还存在一个不确定的因素。美国目前面临大选，届时新政府是否会遵守奥巴马政府所制定的美古关系政策，这一点，尚不确定。

宋国友　复旦大学美国研究中心副主任、教授
牛海彬　上海国际问题研究院副研究员
王正绪　复旦大学国际关系与公共事务学院政治学系教授

奥巴马为 TPP 撰文与中美经贸关系(一)

——黄河、贺平点评

黄 河 贺 平

一 奥巴马撰文推进 TPP 进程,意在巩固 美国结构性权利

黄河教授(复旦大学国际关系与公共事务学院):"当今的世界已经远非你想象中的那个世界了,各种规则将不可避免随之改变。我们必须抓住机会尽快通过 TPP,美利坚合众国必须牢牢把握贸易规则的制定权,而不能任由中国在其中发挥作用。"奥巴马在他《华盛顿邮报》的文章中反映了其推进 TPP 的核心目的,即对于规则制定的主导权。TPP 的意义不仅仅在于此次 TPP 所签订下来的这些内容本身,而在于 TPP 背后所反映的美国对于全球国际贸易规则的制定仍然拥有"结构性权力",美国长期以来是通过创制国际规则而从中获利的,这是美国的"生存之道",因此美国也必然死守这种创制规则的霸权。它会打击一切威胁它创制规则霸权的对手,无论是现在的中国还是 20 世纪末的日本。

贺平副教授(复旦大学国际问题研究院日本研究中心):奥巴马此次撰文主要是向美国国内精英阶层与 TPP 议题密切相关的利益阶层发出的一个呼吁,既是对本届政府数年努力的自我宣

传，也希望趁热打铁，在离任前迈过条款。无论是从媒体报道效果，还是奥巴马自己立论和逻辑推演过程以及西方政治文风来说，都需要一个对手。深读文本本身，后半部分才是重点，文中虽多次出现中国、RCEP 等字眼，但最后落脚点还是在 TPP。以此来提高美国国内的紧迫感和压力，从而敦促国会尽早批准 TPP。

二　美国国内对 TPP 众说纷纭，是否批准前途未定

贺平副教授：美国国内支持 TPP 的群体主要是在市场开放、进一步的经济全球化、地区一体化中可以受益的跨国企业等。对于此议题反对的群体则较为微妙，一部分是传统的、由于美国市场进一步开放可能会受到一定冲击的产业或者企业，这部分利益集团出于防御性目的而采取了反对的立场；另一部分群体采取进攻性姿态，他们本身是赞同 TPP 的原则和精神的，但表示不支持的态度是因为现有的 TPP 规则还没有达到他们的标准和要求。

奥巴马卸任前 TPP 能否通过是很难说的。美国国内政治运作瞬息万变，主要是两党、不同政治力量博弈的过程。目前主要候选人的经贸政策表态不能全当真，都存在重大调整的可能和空间，历史上已有诸多类似的案例。2016 年在全球贸易政治上又是个特别的年份，不仅仅是 TPP 的国内批准程序，包括 TTIP（Transatlantic Trade and Investment Partnership，跨大西洋贸易与投资伙伴协议）、日本欧盟之间的 EPIA 以及 RCEP 在内的数个超级 FTA（Free Trade Agreement，自由贸易协定）都将谈判结束的时间点设在 2016 年底，它们牵一发而动全身。这些 FTA 的商谈进度都会间接影响 TPP 协议的批准，反之亦然。

三　TPP 拔高准入门槛，将对中国内外环境产生压力

黄河教授：首先，TPP 会对中国外部环境产生影响：

- 可以预见 TPP 的达成会压制 RCEP 的谈判进程。
- 会增加日美对于中国的军事压力，增强美国再平衡战略的效果，恶化中国的外部环境。
- TPP 所引发的贸易转移效应会使地区贸易发生一定的改变，从而影响全球产业链的形成。
- 美国主导下的 TPP 试图采取一种"内部市场""去中国化"的模式，虽然短期内无法成功，但是长期看来或许可能形成一种趋势，从而威胁中国在亚太地区的经济贸易。
- 台湾地区的马英九和蔡英文都支持 TPP。这样一来就使得"台湾地区加入 TPP"成为美国手中制约中国的一张王牌。鉴于中国"入世"的前例，中国必须在台湾地区前加入 TPP 才行。

其次，TPP 对中国内部经济体制也会产生一定的影响：

- TPP 的市场准入条款对于自由化的要求较高，如果仓促开放国内的市场会对于国内的许多产业造成巨大的冲击。
- TPP 高标准的各种规定，如知识产权保护、劳工权益、环境保护等规定与中国现行的一系列法律规则存在较大的差异，中国尚且不具备相应的法律条件来施行相应的规定。
- TPP 对于参与国的国内政治有所要求，要求结社、网络等自由，涉及中国高度敏感的区域，与中国当前的实践不相符合。

贺平副教授：在商谈 TPP 的过程中，中国国内已经出现了很多与 TPP 有关的研究，包括一些量化的研究。一般认为，从 GDP、经济增速等方面看，TPP 对中国的影响是存在的，但是短期内影响不大。中长期的影响可能会较为明显，主要是从规则制定、议程设置、国内的规制改革等更深层次的角度来看，但这些影响短期内都无法体现，也很难做到明确的量化研究。

四　中美知识产权之争已有，
TPP 压力需静观其变

贺平副教授：TPP 真正的实施会主要在知识产权、劳工条件、环境保护等方面对所涉及的 12 个国家产生较大的影响，对于尚未参与或是短期内无意参与的国家来说（包含中国在内）直接影响并不大。中美之间的知识产权争端是长期存在，今后也不会完全消除。在中国不加入 TPP 的情况下，此争端还会维持，可能在特定的时间内这方面中方承受的压力还会增加。但是这更多地体现在中美双边交往中，或许与 TPP 的直接关系不是很大。TPP 刚刚出现时，国内的质疑、反对的声音是强烈，但随着 TPP 谈判的进展，国内媒体评论以及政府表态的负面色彩有所减弱。这从一个侧面反映了 TPP 中一些高水平、高标准的条款对中国的压力和启示。TPP 对于中国企业的压力，我们还需静观其变，观察在 TPP 正式生效后，在所涉及的国家的实体经济、虚拟经济等方面的实际效果，此时才能真切感受到 TPP 对中国产生的切身压力。

五　中国可利用国际合作机构及
国内改革积极应对 TPP

黄河教授：中国应该积极研究国际规则的变化并进一步加快改革开放的步伐。中国要全面协调好全球经济治理的立场，建立应对挑战的合作框架。充分利用联合国、IMF、WTO 等国际机构，加强全球领域的治理合作，推动世界经济的稳定发展。同时在国内要进一步加快国内相关领域的改革，尤其是市场改革、投资体制改革、金融体制改革和国有企业改革，以提升国内企业竞争力，为市场对等开放打好基础并且以此尽可能抵消"竞争中立"等规则对中国造成的影响。

中国对于 TPP 的规则要采用扬弃的立场。中国完全有可能借助 TPP 的机会来提升自己国内企业在知识产权方面的竞争力并且进一步推动国内的立法完善。但是中国也要注意采用扬弃的精神。即如果这些知识产权、劳工保护等政策确实符合世界经济发展的潮流的话，那么我们就应该坚决进行改革。中国本身就是以改革开放为基本国策的，因此如果想要同世界经济接轨，那么就必然需要"练好内功"，不断完善自身，使中国的国内政策和国际潮流相符合。

另外，中国应当强力推动 RCEP 的谈判进程，使得 RCEP 能够在战略上形成一种和 TPP 平行竞争的态势，在亚太地区使得 RCEP 和 TPP 并行发展，从而以较小的代价化解 TPP 的挑战。从长远看，中国回应的关键是要提升自身规则创设的能力，通过提供比美国更加适合区域发展的公共产品来促进中国周边地区的合作与共赢。

贺平副教授：改革开放特别是入世以来，中国在企业公平竞争、互联网自由开放使用、知识产权保护、劳工权益维护、环保标准等这些方面都是有改善的，这样的改革是一个动态和长期的过程。比如知识产权保护，从纵向比较的结果看，中国是有很大的进步的。但与其他国家相比，以及从他国对中国的期望（不管这一期望是否合理）来看，或许还存在差距，需要迎头赶上。中国在以自己的节奏、进度、方向和目标，推进相关领域的改革，TPP 是一个多轨多速的状态，我们期待这是一个积极的、正向的互动过程。

六　RCEP 与 TPP 层次不同，影响力尚有限

贺平副教授：RCEP 目前还在商谈之中，虽然希望在 2016 年底完成，但是谈判进程还面临很多挑战，是否能够达成还是未知数。若 RCEP 真的达成，水平高低更是问题。如果其雄心水平并不高，那么在市场开放、规则制定等方面基本还是属于传统的 FTA，与 TPP 的层次不同，所以 RCEP 对美国的影响不会很大。另外，RCEP 大部分成员已经和美国等亚太合作伙伴之间达成了开放市场或者签订了其他的 FTA，由此 RCEP 的签订并不会在关税和非关税等问题上对这些国家产生巨大的影响，双边贸易受到的影响不明显。RCEP 如果受到自身雄心水平的限制，在国际贸易中的影响也不会很大。归根到底还是要看 RCEP 的最终谈判结果。

奥巴马撰文中提到 RCEP 将在企业公平的竞争、互联网自由开放的使用、知识产权的保护、劳工权益的维护和环保标准等方面收效甚微甚至"无所作为"。RCEP 目前的谈判内容和条款中，确实对于上述领域涉及较少或几乎没有涉及。就算有所涉及，在规则要求和执行力度上与 TPP 或许也相差较远。奥巴马指责，也一定程度上体现了 RCEP 的特点，它相对来说还是关注传统的贸易议题。新型 FTA 的议题确实不是 RCEP 眼下所重点考虑的问题。

黄　河　复旦大学国际关系与公共事务学院教授
贺　平　复旦大学国际问题研究院日本研究中心副教授

奥巴马为 TPP 撰文与中美经贸关系(二)

罗长远

一 美国大选让 TPP 议题讨论复杂化，奥巴马在任期间通过 TPP 的难度大

在非选举年份里，美国国内对于自由贸易议题的看法是非常分明的。一般而言，代表劳工利益的民主党可能反对者居多，而代表农场主和资本家利益的共和党往往支持者更多。

而当下美国正处于总统大选的预选过程中，从美国国内传递出来的关于 TPP 议题的反对声音和支持声音里，掺杂了很多"噪音"。就特朗普来看，传统上美国的共和党应是支持更深程度的、更高层级的贸易自由化，但在这个议题上，他似乎也是反对的。相对而言，希拉里对于该议题的看法，就显得更有趣。她自始至终都反对 TPP，但是她现在的态度表现得更加坚定。在特朗普都往反对方向倾斜的情况下，她就只能表现得更加激烈，才能够在选举中维护自己的基本盘。因而，在 TPP 这个议题上，美国国内的这些声音可能纯粹是基于选票的考量，即为了反对而反对，而一旦选举结束，它们可能就消失了。可见，美国的选举让之前比较清楚的问题更加复杂。

在美国，有调查显示，在是否要通过 TPP 的议题上，美国的普罗大众可能更关注三个问题。

（1）TPP 通过后,它会在多大程度上影响就业;

（2）TPP 通过后,它会在多大程度上影响中产阶级的利益和生活;

（3）美国的地缘政治在多大程度上会因为 TPP 的通过而变得更加有利。

无论是共和党还是民主党,在最后一点上的差异可能不大。但是对于前两点,目前并没有任何压倒性的证据能够证明 TPP 的通过会对美国多么不利或多么有利。然而,在选举期间,强调这个协定的负面因素总是比较保险的。

而论及国会能否在奥巴马任期内通过 TPP 协议,就目前看来,有两种可能:第一,TPP 不能通过;第二,即使 TPP 通过,那也应是一个修改过后的版本。如果是后者,那么问题也就随之而来,一旦美国对这个协定做出修改,其他国家如何反应？也许这些国家会有相同的考量,这会让问题再次复杂。但毫无疑问,若 TPP 能够通过,这将为奥巴马的政绩添上浓墨重彩的一笔。

二 奥巴马再将矛头直指中国无新意,中国 应按照自我节奏推进改革和发展

TPP 自谈判初始到在美国谈成,美国方面一直强调在这个协定背后的中国因素。奥巴马这次撰文再将矛头指向中国已没有太多新意。如果一定要深究为何他在这个时点为 TPP 辩护时再次提到中国,其中可能有两个考量:第一,为了超越共和党与民主党的争议,促使议会通过 TPP,中国应该是一个搁置两党争议实现美国利益的最好靶子或最大公约数;第二,中国目前正在大力推动涵盖了 16 个国家的 RCEP 的进展。如果 TPP 因国内选举和政治的原因,其进程被延宕下来,而 RCEP 却因免于政治等方面因素的纠缠而加快进程,尤其是有望在 2016 年底达成协定。显而易见,这是奥巴马本人非常不愿意看到的。

　　而 TPP 中所谓的非传统议题，其实在中国十八届三中全会改革的整体框架里同样涉及。就中国而言，个人一贯主张：中国要按照自己的节奏来推进自我的改革和发展。

三　RCEP 与 TPP 层级不同，两者可能在未来走向趋同

　　RCEP 目前涵盖了 16 个国家（包括东盟十国、中国、日本、韩国、印度、澳大利亚、新西兰）。RCEP 与 TPP 一个重要的不同之处在于 RCEP 的成员国在发展程度、比较优势、经济规模、人口多少等方面更加多元。与 TPP 相比，RCEP 的优势在于其更大的包容性和相对较低的准入门槛。

　　在世界贸易体系里，中国已经是最大的出口国和贸易体。无论什么贸易协定，没有中国的参与，其收效会大打折扣。更重要的是，当我们谈论 TPP 时，媒体连篇累牍地写道："TPP 谈成后，中国何处去？"其实，这里面有个问题一直被忽视，即 TPP 谈成后，世界上广大的发展中国家的出路在什么地方？尽管 TPP 目前包含了一些发展中国家。但世界上更多的其他发展中国家，几乎都被排除在 TPP 这个高版本的贸易协定之外了，无形中剥夺了它们参与更高级别贸易自由化的权利与机会。相比之下，RCEP 则不同，它与 TPP 相比版本比较低，但却为发展中国家参与不同于 WTO 的贸易计划提供了机会。因而，在全球贸易体系中，RCEP 对于发展中国家而言，应该是有相当的吸引力。

　　奥巴马撰文中提到 RCEP 将在企业公平竞争、互联网自由开放使用、知识产权保护、劳工权益维护和环保标准等方面收效甚微甚至"无所作为"。在一定程度上，奥巴马这样的评价自有他的道理。一方面，这些议题是 TPP 协议里十分聚焦的内容，被认定为在推动谈判过程中必须要啃掉的"硬骨头"。相较而言，涵盖着不同发展程度国家的 RCEP，其成员国关注的议题也更加多

元，这也导致了 RCEP 目前的核心议题并不十分聚焦和清晰。另一方面，知识产权、环境保护等议题在现阶段的发展中国家内部本身也极具争议性。对于将生存权、发展权视为首要任务的目前仍处于发展中的国家而言，它们在短期之内还达不到发达国家所期待的知识产权保护和环境保护水平。这也是奥巴马文中所提到的，在有关知识产权、劳工权益、环境保护等方面，RCEP 是没办法跟 TPP 相比的。

另外，从影响力来看，TPP 不包括中国，RCEP 不包括美国。相对而言，RCEP 在成员国之间推动落实相关政策，难度相对较低。TPP 由美国主导，而 RCEP 由中国主导。两者之间具有一定的竞争性。两个协定之间的连接在于，部分东盟国家、澳大利亚、新西兰、日本等国家都参与其中。因而，TPP 和 RCEP 的未来发展可能会走向趋同，并且有望以这两个协定为基础，在全球形成一个更大的、覆盖面更广的新版本的 WTO。不过，在可见的时间范围内，这个应该还比较遥远。

四　TPP 相对次要，中国落实自身改革才是关键

中国目前的改革强调顶层设计。在具体实施方面，又有两个版本可供参照。一是从内来看，有十八届三中全会的改革决议；二是从外来看，有 TPP 协定。在改革领域和措施方面，诸如知识产权、劳工权益、环境保护等议题，在这两个版本中互有交叠。

在 2008 年以前，中国提出了科学发展观，当时并以此作为宏观调控的依据。随后通过的新劳动合同法（尽管现在对其适用性有较多争议）、新的企业所得税法、反垄断法等，已经涉及劳工权益、招商引资、国有企业发展等议题。因而，与其说是 TPP 倒逼中国进行相关改革，不如说是在金融危机发生之前，中国已主动推出了一系列政策以期改善自身发展问题。只是金融危机极

大的影响力"掩盖"了中国在这些议题上进行改革的决心与尝试。

中国加入 WTO 已经 15 年，目前关于市场经济地位的问题再次被提起。我们的理解是入世 15 年到期后，中国自然而然地获得市场经济地位，但美国和欧盟的看法却并非如此。5 月 12 日，欧洲议会通过了一项决议，反对欧盟承认中国的市场经济地位。其实，TPP 涉及不少议题，如知识产权保护、劳工条件、环境保护等也正是市场经济地位所涵盖的内容。

如果按照十八届三中全会的蓝本逐一落实改革，中国离 TPP 的要求也不会远，中国也将由此达到更高的市场化程度，是突破所谓"中等收入陷阱"的重要契机。吴敬琏先生不久前有一个说法：供给侧改革的根本是改革。提出如此多的改革设想，最关键的还是得拿出真正的、能够让老百姓有获得感的改革举措。

总而言之，关于 TPP 所涉及的议题，中国有自己的思考和实践。但目前，无论是离 TPP 的要求，还是离十八届三中全会的改革蓝本，差距都还很大，一切任重而道远。

罗长远　复旦大学经济学院世界经济研究所教授

政治遗产 VS 新的布局

——解读奥巴马访问越南与日本

王正绪　韦宗友　贺　平

一　奥巴马外交彰显理想主义色彩，"无核世界"主张首尾呼应

王正绪教授（复旦大学国际关系与公共事务学院政治学系）：奥巴马在内政和外交上都具有很强的理想主义色彩。在国际和外交问题上，他比较推崇和平与和解等价值。在他两届任期的最后阶段，在外交上的三件事情，即访问古巴、在日本广岛发表演讲、访问越南，都带有强调和平、促进民众和解的意涵。奥巴马的广岛之行从正面来看反映了奥巴马在道义上促进世界和平、抚平战争对普通民众的伤害的努力；但从反面来看，奥巴马此举过于相对主义和理想主义，一味否定武力，事实上未能把握历史的关键线索，未能分清正义战争与非正义战争。第二次世界大战是世界爱好和平的力量对法西斯力量的胜利，是用正义的战争制止邪恶的胜利。美国在广岛投放原子弹，必须放在这个大历史的背景之下来加以深刻认识。

韦宗友教授（复旦大学美国研究中心）：关于"无核化"外交努力是奥巴马一贯的政策方向。奥巴马刚上任就获得了诺贝尔和平奖，他自己内心可能也觉得受之有愧，不管是为了世界和平

或者是为了名副其实，他都要做点事情出来。所以在他的任期之内提出要构建无核化的世界，也举办了世界核峰会。奥巴马到广岛访问，因为在核武器研发出来后唯一的使用就是在日本广岛，美国当年为尽快结束二战，通过核武器这个方式迫使日本投降。日本是二战中的侵略者，奥巴马不会为当年的行为道歉。同时，维护世界和平，建立无核世界的努力有其价值，核武器对人类会造成巨大的伤害。奥巴马到广岛去宣传世界和平，构建无核世界，并非要为美国在二战期间投放核武器向日本道歉。

贺平副教授（复旦大学国际问题研究院日本研究中心）：奥巴马的"无核世界"主张和更宽泛意义上的理想主义理念是更强的访问动力。相比其他各国领导人和美国历代领导人，奥巴马的"无核理念"都要更突出些，这无疑使其成为迄今为止最合适访问广岛的人选。更何况奥巴马的任期即将结束，可以较少考虑继任问题，受国内因素的牵制较小。奥巴马在上任初凭借"无核世界"主张获得了诺贝尔和平奖，而在任期末通过访问广岛再次传达了这一主张。这恰能形成首尾呼应，强化了其个人见解。

当然，奥巴马的个人理想与当前的美国核政策之间并不完全等同。对国际社会和美国政府而言，眼下更紧迫的问题是防止核扩散。另外，很多人仍认为核武器是维持世界和平稳定的必要手段之一。

二　美日各有打算，广岛之行客观上
有利于安倍的政策

王正绪教授：首先，从美日两国国内民意来看，一方面美国国内对于奥巴马这次的讲话关注不多。一些知识阶层可能会为他的理想主义和和平主义喝彩，但对美国国内的民意影响还要观察。另一方面，日本国内也需要一段时间判断此次访问代表美国总体态度的改变，还是只是出于道义的考虑。另外也要观察东亚国家的反应。东亚和东南亚各国在这个问题上，依然要对日本作为二战的发起者、侵略者、对东亚人民生命和家园的凶残的损害者的责任要有明确的认识。

其次，奥巴马此次广岛之行客观上对于安倍政府的国家正常化政策有较大的推动作用，对于安倍日本右翼政治人物有利。美国一方面需要限制日本军国主义复活，另一方面为了应对中国的崛起，美国对于日本更加积极主动地在防务和区域安全上发挥作用，会继续持乐见其成的态度。

韦宗友教授：日美在这个问题上各自打着各自的算盘。奥巴马获得了诺贝尔和平奖必须要有所交代，构建无核世界也有巨大的象征意义。对安倍来说，他是一个历史修正主义者，虽然他承认日本在二战期间对亚洲各国人民的侵害，但是他也要强化日本也是受害者这样一个印象。在中国、韩国这些被日本在二战中侵略过的国家来看，奥巴马访问广岛这一举动本身就有可能会被日本政府利用。

贺平副教授：奥巴马访问广岛的大背景是"亚太再平衡"战略下对日美同盟关系的再认识。当然，这也离不开日本政府的精心安排和外交运作。譬如，广岛不远的伊势作为 G7 峰会召开地，便于顺访。要是换成 2008 年 G8 峰会举办地北海道，美总统访问广岛的专访意图就太过明显了。

三　美日同盟政策大方向不会改变，
驻日美军基地或有局部调整

王正绪教授：奥巴马选择视察驻日美军基地本身就表明了美国的态度，美国未来还是会继续借助驻日美军加强在东亚的军事存在。美国驻军和当地居民的冲突不时发生，由来已久。对于此次事件（冲绳女子被害案），美方的态度主要是努力管控危机，美日同盟政策不会因为出现一次事件就有怎样的调整。下一任美国政府可以说肯定不会削弱美日同盟，目前来看未来还是会维持目前密切合作的状态，对中国保持一定的军事压力。

韦宗友教授：驻日美军此类事件不是第一次发生，此前也发生过多次强奸、伤害日本普通民众的事件。日本民众，特别是冲绳民众，对美国在冲绳的军事基地是非常不满的。美国在日本本土有很多军事基地，在冲绳的军事基地占了绝大部分。在这个问题上冲绳人对日本政府也有所不满。日美在驻军这个问题上一直有摩擦，前段时间冲绳县对安倍政府表达了不满，希望美国在冲绳的军事基地尽快迁走。在军事基地的驻扎、使用、费用还有在其他地方建立一个替代性的军事基地这些问题上，一个是日美政府的矛盾，一个是日本中央政府和冲绳地方政府的矛盾。但是总的来说，日本和美国在这个问题上基本已经达成了协议，美国减少在日本的驻军人数，同时对冲绳的美军基地进行搬迁，搬到人口稀少的地方。

贺平副教授：在此次冲绳女子被害案发生之前，日本国内早已存在着一部分要求美国从日本撤军的声音。发生在奥巴马访日、伊势 G7 峰会召开前这一敏感时刻的案件不可避免地使这股声音得到强化。此次驻日美军的案件不是第一次，很遗憾恐怕也不会是最后一次。每一个案件都是一个悲剧，使无辜生命受到伤害。一个个悲剧的累积，固然会在一段时间内波及日美关系，但驻日美军以及日美同盟自有其更大的发展逻辑，牵涉更深的双边关系，短期内要对基地及其人员实现重大调整的可能性不大。

四　美越友善是长期政策一部分，军事合作的象征意义大于实际意义

王正绪教授：奥巴马越南访问试图抚平越战留下的伤痛记忆，改善美国在越南人民心目中的形象，切实提高美越人民之间的相互接纳程度。但事实上，在 1955 年至 1975 年长达 20 年的美

国对越战争期间，美军杀害了大量的越南士兵和平民，使用大量化学武器和各种残酷的轰炸。美越之间如何面对这段惨痛的历史，似乎还没有开始认真讨论。从战略角度，美国从克林顿时代就开始修复美越关系，主要考量是加大在亚洲的存在，应对中国崛起。从商业角度，美国军火集团能力很强，美越关系正常化解除禁运之后，这些企业对于美国对越南的武器输出有很强的推动力。但是也应注意，美国对越军事支持象征意义大于实际意义，不会过快地武装越南，改变该地区的战略均衡局势。否则不只是中国，其他东南亚国家也会有意见。

对于中国南海问题，美国正式立场是不介入岛屿归属的纠纷，只要求航行自由权。美国最关注的核心利益是美国的海军舰艇、飞机未来能够继续保持在这一地区的自由航行。南海和西太平洋是美国长期的"军事领地"，如果它在中国南海的航行自由受限，美军将被排除在第一岛链之外，失去在中国南海的军事活动能力，所以它会继续以各种方式确保它所谓的"航行自由"。

韦宗友教授：越南也是美国"亚太再平衡"里的一个重要伙伴，美国希望进一步发展和越南的安全伙伴关系，很明显是意指中国，特别是当前在南海问题上，美国要应对中国在南海的政策，它的举措之一就是加强和越南、菲律宾这些东南亚国家的军事安全关系，提升它们的海洋执法能力和海洋军事能力。另外，奥巴马也希望在对外政策方面留下更多的遗产，有更多的"改变"。他当年竞选总统时就提出了"改变"这一口号，近年来他在伊朗核问题、古巴问题等一系列对外关系方面突破常规，寻求"改变"。访问越南，是这一外交政策理念的延续。

美国会向越南提供一些武器装备，提升其海洋安全能力。未来不排除美国军舰到访金兰湾，美越海军交流更为频繁，但是美越不可能结成军事联盟。

五　越南加入 TPP 机遇与风险并存，中国
有能力化解负面影响促进融合

王正绪教授：加入 TPP 对于越南而言，在出口和接受外资等方面可能会带来一些比较显著的利益。同时，加入 TPP 对越南来说，还具有较强的政治意义，好像进入了一个精英俱乐部。作为一个不发达的经济体，加入 TPP 后，越南的主要作用就是要为条约中的发达经济体提供低成本的劳动力和工业品的消费市场。TPP 条款对于越南本身逐步实现工业化和产业升级很可能产生不利的影响，使越南被固定在低端制造业的位置上，沦为西方工业品的市场。

目前来看 TPP 对于成员国的正面的经济影响还需观察，世界各国贸易联系紧密，融合度高，TPP 能否带来显著的增量，还很难说。总体而言，TPP 政治意义大于经济意义，对于东南亚的经济格局影响有限。一方面东盟本身是自贸区，东盟和中国也建成自贸区，TPP 中的东盟国家在贸易中没有办法把中国排除在外。另一方面，中国也有能力通过其他机制来应对和抵消 TPP 可能带来的负面影响。中国正在积极推进 RCEP（Regional Comprehensive Economic Partnership，区域全面经济伙伴关系）构建和 "一带一路" 战略，开启与欧盟的自贸区的谈判，东北亚中日韩三国的自贸区构建也在进行当中。TPP 启动之后，中国也可能考虑以适当的方式申请加入。

中美两国下一步应该主要考虑能够直接搭建安全和战略上的平台，在构建新型大国关系的基础上，通过一种正式的安全机制，缓解和消除战略上的互相怀疑、暗中对抗的局面。

韦宗友教授：越南的经济发展水平相比中国较低，越南和中国同为社会主义制度国家，在国有企业这块和中国其实是大同小异，在劳工标准、环境标准、国有企业、产权保护等方面，中越

之间存在很大的相似性。越南要达到加入 TPP 的标准其实是相差甚远，为什么越南还要加入，这就体现出越南对中国的戒心，经济上也是一种对冲，不把所有鸡蛋放在一个篮子里，寻求经济的多元化，不要对中国经济过多地依赖。中越之间经济联系非常密切，它要完全转过去短时间也是不可能的。越南通过此举也是希望在经济上和美国更加靠近。美国的目的很明确，抑制中国在东亚地区日益增长的经济影响。它通过 TPP 主要是掌握贸易规则的制定权，未来地区经济一体化贸易规则方面要按照美国的标准来。越南加入进去和美国在谈判的时候还是给它一些宽限期，美越的经济互补性还是很强，打开美国市场对越南来说还是有利的。

如果 TPP 能够比较顺利地在美国国会通过，其他的国家能依次批准，那么在东亚经济一体化进程中将会出现中国主导的自贸协定与美国主导的 TPP 两套体系同台竞争局面。这对东亚一体化进程的长远发展是好是坏还难以预料。但可以预期的是，一旦 TPP 建成，韩国等国将会寻求加入，TPP 的朋友圈可能会越来越大，从而在经贸上可能会形成对中国的挤压效应，对中国不利。换个角度看，如果 RCEP 能够尽快建成，或中日韩自贸区谈判取得实质性进展，那么中国将会赢得较大的回旋余地，也可能会为两套贸易体系的最终融合提供某种桥梁。对中国来说，就像当年加入 WTO 一样，只要我们保持战略定力和战略远见，就一定能够化危为机、化险为夷。

贺平副教授： 虽然两国间一度横亘着惨痛的历史记忆，但美国不会错失与这一重要新兴经济体和地缘要国重塑关系的机会。反过来说，美越之间是双向选择，越南也有自己的需求，充分衡量了自身能力和意愿、全国统一利益和呼声后才做出了加入 TPP 的决定。这并非单方的威逼或利诱，而是两相情愿的结果。

TPP 正式生效后，势必造成一定的贸易转移效应，越南企业有望蚕食包括中国和其他东盟国家在内的部分国际市场份额。这一转移既将体现在货物贸易上，也将体现在服务贸易上。整体上，这有助于越南进一步融入区域产业链和价值链。

对于越南的实践，我们或许可以持有乐见其成的态度，借鉴经验，虽然体量不在同一数量级上，但两国不乏相似之处。相比其他国家，这些相似点使越南对于中国的参考意义或许更大一些。不过，实践仍是未定之数。就像中国入世后的情况那样，实际往往超乎预期。即使 TPP 批准生效，它还要经过一段时间的运作、评估和反馈。其后，我们才能从短、中、长期进行合理的观察、分析和反思。

王正绪　复旦大学国际关系与公共事务学院
　　　　政治学系教授
韦宗友　复旦大学美国研究中心教授
贺　平　复旦大学国际问题研究院日本研究
　　　　中心副教授

中美关系：外长吁合作，专家细解读

沈丁立　沈　逸　韦宗友　刁大明　信　强

外交部长王毅先生在记者会上引用习主席的话说，中美合作可以办成很多有利于两国和世界的大事。针对中美在海上等一些问题的摩擦，王毅外长仍然把着眼点放在待美国冷静下来后，完全可以更多考虑如何来开展海上合作。对此，复旦大学发展研究院中美友好互信合作计划组织专家学者，就中美在南海和朝鲜半岛问题上的互信合作的可能性展开学术讨论。以下是讨论要点。

一　中朝关系：特殊关系？正常的国与国关系？

针对王毅外长在记者会指出的，中朝关系是有着深厚友好传统的国与国之间的正常关系，参与讨论的专家进行了解读。

沈丁立教授认为，这样的定位说明，正常的国与国关系等于非特殊关系，盟约关系已经过时。深厚友好传统等于陈述历史事实，但那已不在当下。

信强教授认为，中朝关系有特殊性，既有深厚的友好传统，也有一般性，即属于正常的国与国关系，后者决定前者。

韦宗友教授认为，中朝两国已经不是盟国，但又不同于一般的国与国关系，中朝历史上有着鲜血凝结的友谊。

二　朝核与南海问题

1. 美国有不满，我们有两手（沈丁立）

（1）美国舰艇编队进南海意欲何为

沈教授认为，美国自称的意图是维护国际法制、维护地区稳定、维护航行自由。就表面而言，中国在南海的利益和美国有相当契合。不过在沈教授看来，美国也有三方面不满：一是中国不接受相关争议问题的"国际仲裁"；二是中国在南海建造岛礁，人为改变现状；三是中国"不尊重"他国在"国际水域与空域"的航行自由权。

（2）针对美国在南海的一系列动作，中国以软硬两手应对

沈教授进一步指出，针对美国的发难，中国表现应软硬兼备，以强劲实力为后盾，以谈判与合作为抓手。在硬的方面，人工岛礁已经建成，有利于为本地区提供公共产品，有利于维护中国正当的经济与安全权益，因此必须抓紧建设，尤其是根据形势发展，做出相应对应。

在软的一面，中国需要更多的外交协商，寻求与其他声索方的利益交汇与交换点。就九段线与南海其他沿岸国之间的区域交叠，宜争取合作妥协，各有让步，不仅各有面子，最好实现合作开发。通过推动"21世纪海上丝绸之路"，谋求与其他声索国之间更多的互利合作。即使是处理与美国的分歧，也要寻得"维护国际法制、维护地区稳定、维护航行自由"的合作途径，最大限度避免冲突。

对于中美在南海地区的摩擦，沈教授并不十分担心。他认为，尽管中美之间互有指责，互有对对方的最大负面判断，但不致形成军事冲突。相反，通过交流沟通，排除美国不必要的安全顾虑，从而接受中国的正当发展，将是双方现阶段处理南海争端的正道。美国也很清楚，随着中国国力的快速发展，南海南北纵

深 2000 公里的区域对于中国来说日益成为中国军队的"主场"，美国在这一区域的目的是威慑，而非挑起事端，否则对它十分不利。

沈教授最后指出，中美两国需要通过机制建设，达成区域安全。为了避免擦枪走火，双方都需实施管控，以免陷入崛起大国与守成大国之间的"修昔底德陷阱"。

2. 摩擦会持续，合作亦可期（沈逸）

（1）中美朝核临时合作，危机仍然存在

沈逸副教授指出，中美在朝鲜问题上有合作，但双方战略意图不同。中方支持朝鲜半岛，包括朝鲜和韩国全部实现无核化。中国认为朝鲜民众正常发展的权利必须得到尊重，美国除了朝鲜半岛无核化之外，持有等待朝鲜走向解体的政策。沈逸指出中美此次合作，绝不仅仅是"两国合作一起压制朝鲜"这么简单。朝鲜现在的行为是公然挑战国际规范，使得中美临时形成了某种合作。

在沈逸看来，未来朝鲜半岛的形势不会有本质上的变化。沈逸认为，解决朝鲜问题的关键不在于朝鲜，而在于美国要转变对朝鲜问题的态度。美国没有鼓励韩国与朝鲜和解，也没有减少对朝鲜的经济政治制裁，消解朝鲜的不安全感，弱化朝鲜获得核武器的动力，未来的局势可能会继续在危机的边缘徘徊。

（2）摩擦会持续，美终认中国力量

沈逸指出，南海问题上，看起来每个国家都很热闹，但是实际上大家都很小心，就像跳探戈舞一样，看起来动作激烈，实际上都是标准舞步。表面上两个国家在冲突，实际上双方都在合作，避免战争。美国一直声称，对南海的岛礁主权争议不持立场，而关注的是岛礁周边的公海航行自由问题；但目前美方已经用自己的行动证明，它其实是有偏袒的，它更偏向于越南、菲律宾这些国家采取的行动，而对中国采取的行动则是压制的。

沈逸明确提出，对于中美关系，我们应该有一个正确的心理预期。不要期待两个国家会在一夜之间亲密无间，抑或是刀枪相对，中美关系永远在不断摇摆。随着中国实力的不断增强，美国也会做一些象征性的举动显示自身的地位，比如派遣侦察机前来侦察等，但是在做完这些之后，美国会承认并尊重中国力量的成长。

3. 中对萨德敏感，朝须理解中国原则（韦宗友）

（1）在韩部署萨德，让中国敏感

韦宗友教授指出，美韩之间部署萨德导弹，也引发了中国的交涉。韩国的态度是，朝鲜进行核试验和卫星发射进一步破坏朝鲜半岛的局势，从安全利益考虑，韩国需要部署萨德导弹，防止对韩国安全的威胁。美国除了韩国之外，还关注整个东亚的局势。萨德导弹系统从技术角度来看，能够探测到中国境内的导弹发射情况，因此中国对此非常敏感。现在看来，萨德导弹部署可以说是美韩向中国施加压力的工具，通过在安理会通过的决议，中国也表明了自身反对朝鲜拥有核武器的严正立场。在这个问题上，中美韩三国的利益是相近的，因此存在合作空间。

（2）中国要敢于旗帜鲜明表达强硬立场

之前，朝鲜在国际外交中获得收益的原因之一是其行为的出其不意，国际社会无法预测朝鲜之后的行动。它的底牌没有人能摸清，这个时候它就可以要挟各方，包括中国在内的各方，部分被朝鲜牵着鼻子走。特别是朝鲜认为，不管它怎么做，中国最终都会为它"兜底"，在安全上不会有太大的风险，在经济上也不至于吃亏太大。

在对待朝鲜发展核武器及做出不利于中国安全利益的事情上，中国必要时应让朝鲜付出必要的代价，让它知道在这个问题上一意孤行或危害中国安全利益，中国不会听之任之或吃"哑巴亏"。这次中国加大了对朝鲜的制裁力度，用实际行动警告朝鲜，如果它一意孤行，中国不会坐视不管。中国也应该让朝鲜明白，在中朝关系及朝核问题上，中国可以有更多的牌可以出。

4. 合作预防南海意外，中国标准维护稳定局面（信强）

（1）三层面防范南海意外

首先，在战略层面，我们要勇于与美国展开博弈，以维护自身合法权益。我们要向美国表明中国的严正立场，现在美国不断地在南海耀武扬威，是美国在推动南海的"军事化"；而中国则是在自己的领土上，正常、合理、合情地行使主权和自卫权。奥巴马总统多次表示希望和中国和平相处，但是不能说一套做一套，美国在南海的行为与其政策表态显然与他所说的并不相符，长此以往，也必将损害美国的国家利益。

其次，在战术层面，中美双方应该严防擦枪走火，避免出现意外情况。一旦发生类似 2001 年中美南海撞机那样的意外事件，会对两国关系造成很大损害。这一方面双方在南海，一线部署和行动的军队应该努力建立和保持有良好的沟通和互动机制，防止出现意外情况。

最后，在周边外交的层面，我们要争取东盟大多数国家的信任和支持，驳斥美国所宣扬的"中国要建立地区霸权"。中国并非想要挑战美国的霸权，也不像有些人说的，要把南海变成中国"内湖"之类的谎言。同时防止美国继续暗中挑事，怂恿菲律宾和越南等国家在南海向中国挑衅，使得南海紧张局势进一步升级。只有通过多管齐下的方式，中美之间才能避免冲突，逐步探索合作之道并走向合作。

（2）朝核问题中美合作坚持中国标准

中美在朝核问题上有着共同利益：首先就是朝鲜弃核，至少是冻结核武器开发，停止挑衅，未来长远目标则应该是半岛无核化。其次是双方都不应该希望半岛发生战乱。最后则是双方均不希望半岛局势导致中美之间发生冲突。因此双方都在努力对朝核问题进行管控。

美国指责中国"不合作"，这显然是罔顾基本事实的无理说辞。事实上，中美一直在朝核问题上进行着合作，只不过我们合作的方式令美国不满意而已。但是这个是否满意的标准是美国的标准，而不是中国的标准。我们自己肯定要按照中国的利益决定自己的行动。中朝关系有一定的特殊性，与美朝关系不可同日而语。中美双方的利益有不同的地方，因此也必然会存在分歧与冲突。美国不断对中国施压，认为中国一直对朝鲜网开一面，但是中国在朝鲜弃核的问题上，多年来付出了很多努力。必须认识到，我们只能影响朝鲜，不能控制朝鲜。我们一方面希望朝鲜弃核，另一方面也必须要考虑到如何让朝鲜保持基本的稳定。

此外，美国坚持认为朝核问题的过错完全在朝鲜一方，我们也应该认识到美国和韩国对朝鲜构成的严峻的安全挑战，才是迫使朝鲜走向核武装的重要动因之一。朝鲜拥核，美国与韩国是需要负一定责任的，不能完全怪罪于朝鲜，美国也应对自身的政策进行反思和检讨。

中国与美国在朝核问题上的合作必须把握平衡，不能为了迫使朝鲜弃核导致战乱，也不能为了防止战乱的出现而坐视朝鲜继续进行核试验，这需要高超的战略指挥来加以精准把握。中美需要为此共同努力，而不能指望中国做出单方面的、无原则的让步和妥协。

5. 南海炫武危险：警惕美国政军红白脸组合拳（刁大明）

美军近期派军舰、飞机进入南海、炫耀武力、显示美国军事存在的做法，最终不但无法达到所谓"再平衡"的效果，反而会导致地区局势的"失衡"危险。这段时间以来，美国在南海问题上的介入凸显了美国外交决策层的多面性。从表面上看，排满内外遗产清单的奥巴马及其白宫似乎并不希望在任期最后一年为中美关系乃至亚太局势留下不稳定因素，因而"向国防部和军方施压"，而国防部和军方却又毫无改观地频繁鼓吹所谓"中国威胁"，多次插手南海事务，旨在体现军方利益与决策影响力、抬高军工预算乃至在奥巴马任期尾声铸定军事"再平衡"的开弓之箭。白宫与军方虽然可能的确存在嫌隙，但美国在南海的行为也未必不是"白脸""红脸"多方配合的组合拳，这就意味着我们在应对时要多管齐下。听其言、更要观其行，要求奥巴马政府真正切实负责地维护中美关系的稳定健康发展。

沈丁立　复旦大学国际问题研究院副院长
沈　逸　复旦大学国际关系与公共事务学院副教授
韦宗友　复旦大学美国研究中心教授
信　强　复旦大学美国研究中心副主任、教授
刁大明　中国社会科学院美国研究所助理研究员

近期南海热点问题

沈丁立　宋国友　韦宗友　牛海彬

一　西方国家借 G7 向中国施压,中国需警惕及防范南海舆论对华不利

沈丁立教授（复旦大学国际问题研究院副院长，军备控制与地区安全研究项目主任）：G7 外长会议公报插手南海问题只是在道义上让中国感到孤立，没有实质影响。G7 会议主要关注世界经济、金融事务，包括卫生、健康、可持续发展等，政治安全通常不是他们关注的重点。这次是作为东道主的日本想要利用 G7 会议来做文章。会议公报中虽不点名中国却说南海，事实上还是在说中国。这件事，日本确实达到其绑架 G7 的目的。应注意到 G7 只是个清谈会，并无强制执行力，它发表声明只是表达集体的政治倾向。这种倾向虽对中国不利，但并无后续活动。日本试图让中国感受孤立，这是日本此次的用意。中国一贯认为，南海争议应有相关当事方来谈，他方包括 G7 不应干预。

牛海彬副研究员（上海国际问题研究院）：海洋安全问题上，我认为 G7 越来越明显地展现出冷战思维，表现为对潜在对手施加影响，塑造国际安全秩序，试图提高自己的发言权。G7 近年关于海洋安全特别是南海问题的表述与日本的积极推动也是有关

的，日本近年来在国际安全事务中试图提升自己的影响力，内部有安保法的重新修订，外部加强美日同盟，提升 G7 在安全事务中的作用，以便为日本进一步在安全事务中发挥作用提供国际多边机制的支撑。所以，G7 有关南海问题声明的大背景是国际权力转移，西方国家试图在安全事务上发挥更大作用，特别是对中俄在这方面相对强势的表现做出回应。

中国政府的立场也是非常明确的，在七国集团的决议发布后，召见了七国的驻华大使，表明了中方的立场。但我觉得中国同时须对南海问题上的政策给予更加清晰的界定，要更多向国际社会做出说明，避免在这个问题上的话语权被七国集团主导。

那么对于缺少中俄的 G7 会议能否真正达到效果，取决于如何解读"实际效果"的内涵。如果说是否会遏制中国在南海的行为，如建造岛礁、进行一定的军事防卫，那么我认为中国不会把自己的主权、安全权益交给 G7 主导；但如果说是否可能对地区的和平局面造成消极影响，如加强地区军备竞赛程度，客观上 G7 会议之后，菲律宾、日本、越南等国家在南海的军事行动明显升温，这会恶化地区安全形势。在国际上，这种联合发声也可能误导舆论，造成"中国是地区局势破坏者"的不利舆论，需要我们加以应对。

韦宗友教授（复旦大学美国研究中心）：美国奥巴马政府上台后，特别是 2010 年以来，对于南海问题的介入程度即不断加深，包括利用"东盟 + X"机制、东亚峰会、APEC、香格里拉对话等东亚多边机制，从多边场合的外交途径向中国施压。同时，美国还利用 G7 等全球性多边机制热炒南海问题，试图形成针对南海问题的"国际统一战线"。在南海问题上，近年来中美"较劲"升级。

中国不是 G7 成员，俄罗斯也因乌克兰问题被排挤出 G8。然而，在全球经济治理中，美国等西方国家认识到缺少中国这个重要新兴大国的参与，原有的 G7 模式难以为继。2008 年金融危机以后，包括中国等新兴经济体在内的 G20 取代 G7 成为全球经济治理机制的首要平台。然而 G7 仍希望在全球政治及安全等问题上能够设置议程，影响舆论，继续主导全球治理。因此 G7 在南海问题上的发声，是美国等西方国家希望借此向中国施压、影响南海舆论的重要手段。

而中国近年来因南海问题与周边国家的政治互信也处在下降态势，特别是与东盟国家。当然这个问题要从两个方面来看：经济上，中国与东盟国家的一体化程度在加深；但不可否认的是，东盟国家在政治和安全上对中国的不信任程度越来越大，"依靠美国"的心态逐渐强烈，如新加坡总理李显龙前段时间的表态就非常明显，希望美国继续在亚太发挥主导作用，制衡中国的地区影响。

二 卡特取消访华行程，或因美国内部尚未对南海问题达成共识

宋国友教授（复旦大学美国研究中心）：我们观察到在南海问题上美国内部确实存在较为明显的分歧，主要表现在白宫和国防部之间的紧张关系上。白宫主要是从更为重要的全局性的战略性角度来处理中美关系，而国防部主要从体现美国军事力量、维护同盟利益的角度出发，所以二者存在着很大分歧。这种分歧的影响对于中美关系来说毫无疑问是负面的。

负面影响的第一点，它确实引发了相互冲突甚至是错误的对华政策的制定，传递了一个非常混淆的信号。从大国关系上来说，相互冲突、混淆的信号不利于两国关系的稳定。换言之，会损害两国之间的战略信任。

第二点，它可能使得军方和白宫在南海问题上步调不一致。军方可能会采取更为激进和挑衅性的措施，使中美关系本身面临着比较大的冲击，也使得中美两国政府最高首脑层面达成的一致

难以落到实处。

沈丁立教授：卡特取消访华计划无非是两种可能，一种是确实是因为日程原因取消，另外一种是借口。我并不知道他推迟访华的真实原因。但从总体来说，他来不来中国和是否压中国没有关系，他来不来中国都会压中国。当然，他也说了在下半年合适的时候访问我国。另外，不排除他考虑等 5 月份国际仲裁法庭的判决结果，如果届时中国被判输，对美国利用国际法施压更为有利。

美国的决策过程很复杂。总统不能强迫国防部长来或不来，国防部长来或不来有其自己的判断。一般而言，交流互访有助两军关系的促进，不来则是表明一种不满态度。但他来或不来，从美国的角度都在促进美国的国家利益。来了不一定解决问题，来了也可能误解更深。我们不必过分解读他这次或那次来不来到底是什么含义。特别是，当我们并不了解美国此次决策的具体内情就去解读，未必不产生误判。

韦宗友教授：美国一些主流媒体认为在南海及如何与中国打交道的问题上，白宫与五角大楼之间是有内部分歧的。特别是在南海问题上，美国防部和太平洋司令部就主张展示强硬一面，认为奥巴马对中国过于软弱；而奥巴马作为总统则更多立足于两国关系大局和全球战略层面，从政治、经济、安全多维度来考虑中美关系和美国的地区和全球利益。具体来看，从军事角度，美国军方认为中国近年来在南海问题上咄咄逼人，包括在南海岛礁吹填行动、部署防空武器、建设飞机跑道，这些今后都可能用于军事用途，甚至可能在南沙也设立防空识别区，美国不能在这个问题上示弱，一定要表明态度。因此自 2015 年 5 月以来，军方就要求奥巴马政府派军舰进入中国在建南沙岛礁的 12 海里之内，奥巴马政府直到 10 月才放行。

总体来看，美国对华的不信任在呈现上升趋势。2016 年是美国大选年，无论是希拉里还是共和党人上台，都可能对中国表现出更加强硬的态度。当前，尽管中美两国经济上高度依存、人员交往频繁，在一些地区和全球性问题上有共同利益，有合作余地，但两国战略猜忌和不信任气氛较浓厚。

牛海彬：对于卡特推迟访华，我比较同意的说法是，双方可能在南海问题上没有达成共识，如果进行访问就会公开暴露两国的分歧，因此，推迟访问在情理之中。

关于美国外交决策团队内部分歧的说法，我认为白宫与国防部在对华问题上确实有一定的分歧，后来的结果也表明白宫努力重新主导美国在南海的话语权。卡特来访需要代表美国政府的立场，那么内部存在分歧对于访华来说也不是一个好时机。但访问印度和菲律宾在美国国内是有共识的，即加强与中国周边国家的安全协调，维护美国所谓的"地区安全秩序"。

三　中美两国军事主官在南海的针锋相对，或会达成中美之间新的均衡态势

沈丁立教授：卡特原先计划访华，是事先安排的。从他考虑的角度，他来南海的国际水域，是要表明这一区域不是中国一家的，而是为国际社会共有，既是美国的，也是中国的，还是菲律宾等各国的。中国军方领导人前往南海岛礁视察，则是为了表明这是我们的岛礁。这种安排，可能与卡特不来中国有关，也可能无关，因为是在他宣布不来之前就安排好的。

宋国友教授：中美两国在军事主官上的针锋相对的行为可能会引发两国在南海问题上更为紧张的局势，可能会加深双方防务部门在南海问题上的对立。在短期内，这种措施对于两国更好地解决南海问题恐怕是不太有利的。但我们也要看到另外一种可能性，这种军事主官针锋相对的措施其实会使得中美双方更好地亮明自己的底线，这样一种对抗会更好地帮助我们把握中美两国在南海问题上的底线，越接近不可退让的底线和最后的政策，越能

够看出中美两国互动的结局。也就是说，中美两国已经走到这一步了，就不太可能会出现更为激化的措施，从某一种角度就会达成一种新的均衡，但这种平衡是以两国高级军官的冲突性方式得以实现的。

牛海彬：至于两军领导人在南海的行动，我认为这凸显了双方对南海的安全关切和利益认知是不同的：中国主要关注南海相关岛礁的主权问题，也强调了中国在此建设军事设施是主权范围内的事情；但美方高调穿越南海争议水域，是展示其一贯宣称的"利益"，即不在主权分歧中站队，而是维护国际航道的安全畅通。虽然目前双方的角力引起了国际社会的关注，但因为各自强调的重点不同，所以发生摩擦的可能性比较小，这一点也是相对有利于管控南海的安全局势的。

我认为美国的这一系列行动展示了其重返亚太双重战略的延续，先是强调军事层面，再后来是经济层面。在TPP协定取得阶段性成果后，重点又转向安全领域，以朝核问题、南海问题为抓手，加强了与亚洲盟友以及新的安全伙伴的互动和协调。若要塑造长远的地区秩序，除了双方军事上的准备，还要对地区安全秩序的设想和规则进行战略沟通。目前双方的安全分歧对美国对华政策有比较大的负面影响，因为一直有"经济关系是中美关系压舱石"的说法，经济关系搞好了，中美关系就坏不到哪里去。但若涉及安全问题，零和博弈的可能性会更大，对两国关系的杀伤力也更大。

四　美在主权问题上不持立场，但醉翁之意在地区盟友和其地区战略利益

沈丁立教授：美国的不持立场，是针对中菲争议的岛礁归属，对此它声称不站队。但对于专属经济区的开发，以及对于在国际水域（包括专属经济区和公海）的航行/飞行自由，或是在

领海的无害通过这三个问题，美国是有立场的，即遵守国际法制，依照1982年的《联合国海洋法公约》办事，并可按照该公约由国际仲裁法庭审理有关海洋权益的诉讼。就上述事项，中美立场并无不同。但中国认为，有些南海国家侵占中国海上国土在先，事后否认中国的相关海洋权益，有关各国关于南海权益的分歧，不只是纯粹意义上的经济纠纷，因此《联合国海洋法公约》是不适用的。美国打着国际法制的旗号，其实是对国际法体系的刻意曲解。在此前提下，美国所谓航行自由包藏着私货，是为其霸权服务的。

宋国友教授：我想美国所说的利益有如下几点。

第一个是自由航行的利益。美国的军舰要在这个地区不受限制地通过，对美国来说是维护自身在这个地区的绝对安全，但是却损害了其他国家的安全利益。

第二个利益是维护美国在这个地区的盟友承诺。美国在这个地区有很多盟友，比如直接相关的菲律宾，还包括日本等。美国在南海地区是不是能够坚强地维护盟友利益被认为是考验美国盟国体系是否牢固的试金石。所以从维护美国盟友体系的这一非常重要的利益来说，无论结果如何，美国都必须有所表示。当然这种表示一定会和中国的国家利益有所冲突，但这是美国认为的一个非常重要的国家利益。

第三个利益是美国在这个地区的战略利益。中国在这个地区不断崛起，相对来说美国的影响力在下降。但美国不愿意看到本国的影响力下降，特别是军事影响力的下降。所以从维护冷战后在这个地区的主导性利益角度来说，美国也必须对中国在南海地区维护国家主权的动作有所回应。这种回应从更高的层面或者从地区秩序的层面来说，其实是为了维护美国冷战以来一直所主导的地区秩序，地区秩序也是一个非常重要的利益。

五　东南亚国家对域外国家的倚重将使南海问题进一步恶化，中国应沉着应对

韦宗友教授：越南本身就是南海的争端方，在南沙非法侵占将近 40 个岛礁。越南在南海问题上，一直小动作不断，尽管没有诉诸国际仲裁，但并非它不想这样做，而是担心一旦诉诸仲裁，最终的裁决结果可能对它不利。在南海问题上，越南不仅加强与美国、日本等非争端方及域外国家的军事安全合作，也在进一步加强与菲律宾的外交与安全合作。越南、菲律宾等国之间，以及它们对域外国家的倚重和借助，无疑将使得南海问题进一步复杂化。

我认为中国作为上升中的大国，一定要有战略定力和长远眼光，要善于守拙，善于韬光养晦。对于海洋主权和权益，一定要进行维护，但是，必须将海洋权益维护放在大战略框架下来思考，同时注意方法和手段。我认为邓小平的"搁置争议、共同开发"并未过时。在海洋维权问题上，如何在维权和维稳中保持平衡，一定要仔细斟酌。同时，如何处理好海洋维权与中华民族伟大复兴两者间的关系，要有战略思维和战略眼光。中华民族的伟大复兴和崛起才是 21 世纪中国最重要的国家大战略，南海问题乃至更大的海洋问题都要放在这一大战略框架内思考，不能因一时一地利益而只见树木不见森林。

牛海彬：目前在东南亚与中国有领土争端的国家中，菲律宾站在最前面，越南也一直非常活跃。越南最初主要将问题的解决放在双边框架下，但随着美国向亚太重新加强军事部署和参与地区安全的塑造，越南也越来越重视美国因素，试图在美国新的亚太安全战略框架下获得更多利益。但我认为，这与越、菲如何认识地区安全格局的走向、中美安全互动的未来，都有很大的关系。抛开这两国不谈，印度就因其纠结于中美的互动而对参与南

海争端的解决表现出模糊的立场。其实在国际政治中，中小国家试图在大国互动中谋利的行为是很危险的，通常情况下，小国会保持一定的中立，或与另一个大国绑定在一起。但越南是中国的陆上和海上邻国，无论经济、政治都与中国有着千丝万缕的联系，所以越南也很难完全站到美国一方，而是扮演一个相对独立的角色；而菲律宾就完全和美国站在一起。中国在这种局面下，还是要加强和东南亚国家的沟通，从双边和多边的途径，做好邻国的工作，把主动权更多掌握在自己手中。

对于美菲军演，我认为美国与菲律宾甚至越南的军事合作的常态化是今后相当长一段时间内的一个基本事实，我们对于这种军演没必要反应过度，因为中美军力差距不可能短期消弭，而菲、越也不可能在军事上单独挑战中国。另外，最主要的是，中方在南海的立场并不是进攻性的，对已有的主权岛屿做好防卫工作即可。只要美菲军演没有危及这一地区国际水域的通行，就没必要做出过度反应，而应多在外交等其他方式上寻找非军事化的解决途径。

沈丁立　复旦大学国际问题研究院副院长
宋国友　复旦大学美国研究中心副主任、教授
韦宗友　复旦大学美国研究中心教授

中美和平共处一百年

王正绪

最近，中美关系中对抗性的因素似乎突然加剧。美国方面对中国在南沙群岛的填海造岛工作突然发出严厉的批评，并派军机带着媒体记者飞入中国岛礁的近海上空。随后，在 2016 年的香格里拉论坛上，中美代表团就中国在南海的造岛行动进行了激烈的争论。

一　中美进入对抗倒计时？

2015 年以来，政策圈和智库圈的分析人士也在就中美关系的走向发表担忧。不少美国学者纷纷表示，美国方面对华政策正在进入一波以"反中"和对抗为主线的调整之中。

事实上，美国政策圈中，认为中国有挑战美国全球霸权地位的野心，认为中国在东亚尤其是中国南海问题上欺凌美国的盟国、破坏地区秩序的人对美国的政策和公众舆论的影响，的确不可小觑。

现阶段中美关系面对几个结构性的矛盾，对中美关系的平稳发展构成了巨大的挑战。这些结构性矛盾包括中国国力的增长和美国国力的相对下降、中美之间意识形态和政治制度的差异、中美对全球合理权力结构的预期的巨大差别等。

这些结构性因素造成两国关系中战略互信严重不足。

在互信缺乏的情况下，双方在经贸、安全、地区局势、全球治理等各个政策领域，都必须进行非常频繁的沟通、争议、讨价还价，才可能达成一些基本的共识，避免误会和冲突。而双方的政策部门的精力和能力是有限的，很难在每一个问题上都进行充分的沟通，这样，误会与冲突就不可避免。

要极大地减少双方在各个政策领域的战略和政策制定与执行过程中的这种交易成本，需要双方在更高层次上形成合作与互信的共识。双方要将合作共赢、规避冲突的时间地平线（time horizon）延长。在这种共识的大背景下，双方的政策部门和人员才能在政策过程中剔除对抗与互疑，而采取合作（cooperative）的态度。

二　和平共处一百年

中美之间应该形成"和平共处一百年"的共同立场。在这个足够长的时间框架下，双方才有可能以合作的态度解决双方之间的结构性矛盾，逐步构建均衡的双边关系，达到一种未来的"现状"（status quo）。

从中国方面来说，中国理解自己在国际事务中的角色需要时间，中国认识到自己的崛起对周边地区和全球的影响，也需要时间。同时，今天的中国，对真正的全球治理责任和角色还不理解，也缺乏这方面的能力。单是在国际机构中担任职务、能在国内与国外之间起到有效沟通作用的专业人才，都还很缺乏。这又与国际社会和一些地区对中国在解决全球事务中应该做的贡献形成巨大的差距。

美国则一方面对崛起的中国正在和将要削减美国在全球的霸权地位感到担忧与焦虑，另一方面对经济社会的现代化未能在中国带来政治制度的变化感到失望。这的确是影响美国在处理对华关系中接受中美长期和平共处的重要心理障碍。

就这两点来讲，中美之间应该在长期和平共处的框架下，达到两种"未来的现状"。

第一个所谓"未来的现状"，就是在长期和平共处的立场下，随着中美之间国力的相对变化，中美双方可以合理地划分在全球和地区秩序中的权利与责任。

如何实现中美两国在亚太地区和全球事务中权利和责任的重新划分，达到时殷弘教授讲的某种"最终解决"，或美国一些学者讲的中美之间的"大交换"（grand bargain），需要双方的外交官、政治家、政策智库进行艰巨细致的工作，在厘清双方实力对比和战略意图后，达成共识。

三　致力于长期的密集交流

第二个"未来的现状"，牵涉中美两国之间的文化、意识形态、政治制度上的差异。由于这种差异或者是想象出来的这种差异造成互信不足，需要而且可以在一个较长的时间坐标上逐渐消失。

今日中美之间的人员、经贸、文化、教育方面的密集交流的规模已经无比巨大。任何一天都有1.7万人乘飞机穿梭在中美之间。在中美实现互相给予10年有效期的签证之后，这样的交流只会有增无减。

自2010年，美国的"10万强"计划力图在四年内送10万美国学生到中国留学。四年后，该计划超额完成了这个目标。

美国方面应该认识到，中美之间非常频繁的人员往来和经济、文化事业的合作和相互渗透，在持续二三十年甚至更长的时间后，会带来双方在文化、制度上的巨大同质性与相互理解。

换句话说，经过长时间的交往与互通，双方社会会接纳和学习很多对方社会里的制度与观念，而对双方社会间仍然存在的观念与制度差异也会逐渐以平常心态接受。

在欧洲，比利时与荷兰、丹麦、瑞典、德国、英国、法国等国家之间，一两百年前，甚至直到 20 世纪中叶，依然存在文化、宗教、政治的差距，并由此抱有巨大的敌意。由于地理相近和长时间的经济、文化交流与互通，现在欧洲各国人民仍然坚定地认为各国的文化具有巨大的差异，但这些国家间的敌意则已经完全消失了。

中美之间由于距离较远，全面的交流与互通也开始较晚，要真正在文化和心理层面实现相互接受，也就需要更长的时间。但在坚持长期和平相处的大框架下，这样一个"未来的现状"是可以实现的。

也只有在这样一种文化、意识形态上相互融通、相互理解、相互欣赏的"现状"下，真正和平与稳定的双边关系才会是持久的，可持续的。

管控双边关系中近期与中期的不稳定因素，在长期和平共处的框架下实现这样一种"未来的现状"，才是更重要、更有意义的工作。

王正绪　复旦大学国际关系与公共事务学院教授

从"香格里拉对话"和"中美战略与
经济对话"透视中美博弈

沈丁立　宋国友　韦宗友

一　中国在南海问题上要尽力争取各方理解

沈丁立教授（复旦大学国际问题研究院）：中国应认真听取各方对于中国南海政策的意见。对于其中有理的，需要调整自己的政策。对于道理不足的，需要解释自己的立场，争取对方对我方立场的理解，促使对方转换立场。对于无理取闹的，则要揭露其无理所在，把压力还给对方。从香会场内外互动来看，上述对应政策正在逐步实施，效果正在逐渐呈现。譬如，在南海问题上，中国过去只接受双边协商的做法，经过多年来与东盟和域外国家的互动，已将政策调整为"双边协商与多边落实"的"双轮驱动"主张。没有互动就不可能有这样的"让步"。同时，解决问题还得靠直接相关的双方友好协商，对此中国是不会改变原则的。中国的这一原则正在本地区和世界范围得到愈来愈多的理解和支持。在本届香会期间，柬埔寨等国家政府与学者纷纷表示了对中国提出的解决南海分歧方式的支持。

宋国友教授（复旦大学美国研究中心）：南海现在处于一个关键期，以往的一些中美以及中国和周边、特别是南海相关国的矛盾到了最关键的时候，如果能够把现有的格局固定化的话，那么南海未来可能较长时间内会风平浪静，但是如果各方对于如何处理南海问题还有非常大的分歧，包括仲裁案后中国和相关国家的互动如果没有形成稳定的预期的话会带来更大的不确定性。

韦宗友教授（复旦大学美国研究中心）：中美要妥善解决南海争端，要管控分歧，就是不做触及对方底线的事情。南海问题的解决，不能只从南海问题本身出发，因为南海问题涉及中国与周边国家的关系，涉及中美关系大局，还涉及中国的和平崛起的大发展。如果我们从这三个角度看待南海问题，可以得到更理性的观点。

对于如何和平解决南海争端？不把对方逼上死角，不做会使问题激化的行为，这点很重要。中美地区在南海以及亚太地区的博弈已经发展到了互不退让的境地，中国认为南海问题事关民族尊严和领土完整，而美国也给中国画了两道红线：一是禁止中国在南海设立防空识别区；二是禁止中国在黄岩岛填海造陆。这次的香会上，中美之间关于南海和亚太地区问题的分歧也得到了充分暴露。

二　中国要摆事实讲道理回应"自我孤立"说

沈丁立教授：中国最近猛刷"朋友圈"，已经有近50个国家明确支持中国所提出的解决南海分歧的方案，这还不包括上海合作组织秘书长所代表的这一组织的其他十几个成员。鉴于此，美国防长所谓的"中国自我孤立论"不攻自破。对于美方面不断抛出的负面舆论，中国要讲事实，摆道理。在事实面前，美国就更有可能自筑"自我孤立"的长城。

宋国友教授：这个是美方的一种宣传，认为中国选择了"自我孤立"，这也是一种从其自身的盟友体系中出来的表述，认为中国缺少盟友，但是中国实际上既没有选择"自我孤立"，更没有被孤立。卡特是片面之词，与事实不符，中国还是要通过不断扩大自己的"朋友圈"，特别是南海的"朋友圈"，来表明自己的立场是得到很多国家的支持的。

韦宗友教授：其实卡特这次在香格里拉会议上的中心思想在之前就有所表述，这次不过是稍加润色又抛了出来，不算新奇。卡特说中国"自我孤立"，首先是表明美国也是亚太国家，在亚太地区有自己利益和盟友；其次除了一些双边关系，美国也在积极发展一些小三边、多边关系；再次就是美国在慢慢建立一个安全网络，而这个网络也不排斥中国的加入。所以美国这么说实际是给中国设置了一个陷阱：中国要么加入以美国为主导的地区安全网络，要么就是"自我孤立"。而其实中国在以东盟为中心的周边国家关系中已经扮演非常重要的角色，中国也希望在地区繁荣稳定中有所贡献，面对美国的论调，中方摆事实、讲道理即可。

三　"原则性安全网络"实际上是要遵守美方的原则

沈丁立教授：所谓"原则性安全网络"就是要遵守国际法的原则。听上去貌似正确，但这话由美国来讲，问题多多。第一，美国事必遵守国际法吗？美国对台出口武器遵守的是《与台湾关系法》，此乃美国国内法，美国并不遵守《联合国宪章》。美国2003年对伊拉克实施"先发制人"，其实就是侵略，对于国际法更是无从谈起。第二，中国加入并批准了《联合国海洋法公约》，并根据此《公约》所允许的条款，在海上划界问题上对此实施了引用。中方所做的一切，都遵守了中国的相关国际承诺。遵守"原则性安全网络"是中国长期以来的行为。只是中国要问，美国经常遵守国际法吗？美国采取实用主义做法，经常无法无天，而要求他国守法，并污名化中国"不守法"。

实际上，美方提出这个概念就是要任由美国解释"原则"，

用美国解释的 "原则" 限制他国；而它自己甚至可以不遵守自己认定的 "原则"。

宋国友教授： "原则性安全网络" 更好的翻译应该是规则性网络，因为 principle 还有规则的含义在里面，卡特之所以说要有这种规则性网络是暗指中国在南海问题上已经不遵守国际法等规则，所以他用这种规则来把中国规制。虽然这种规则性网络的背景是普遍被接受的规则，但是在南海问题上恰恰没有这种普遍性的被接受的规则。另外对于规则的理解本身是有歧义的。卡特所说的规则性网络是一个很具有误导性的说法，首先中国并不认为，美国具有这样的权力或者权威定义这样的规则，美国甚至不是联合国海洋法公约的成员国。其次，对具体规则的理解，中国、美国和其他国家都不一样，这样就会使一致性规则存在很多问题。

还需要指出中国并不是规则的破坏者，美国也不是规则的捍卫者，在这个问题上千万不要陷入美方的规则概念陷阱里去，规则是由不同国家互动决定的，规则也是一直都在不断变化的，所以从来没有一家的规则。

韦宗友教授： 卡特多次提到 principled 这个词，这和美国之前提到的 "基于规则与秩序的地区多边安全机制" 是一套思想，比如和平解决争端、不使用武力等。美国希望中国在地区 "原则性安全网络" 中扮演负责任角色，其实也是希望中国可以遵守美国提出的 "规则和秩序" 来办事，而不是通过实力为所欲为。包括南海问题的解决，美国希望中国以法律手段、外交手段和平解决，而不是单方行动，比如填海造地。

四　中美双方未在南海问题达成一致，但有和平解决的愿望

沈丁立教授： 美国在南海问题上说一套做一套，说不站队，

其实不然。但是，只要美国愿意表示不站队，就为双方通过对话缩小分歧改善了基础。对此，中国还是欢迎的。中方领导的讲话就是希望加强中美沟通，管控分歧，从而稳定双边关系。所以，即使两国在南海问题上矛盾不断，两国最高层仍有共同意愿稳定和发展总体关系。

韦宗友教授：我们可以看到中美两国在南海问题上没有达成共识，只是各自表述。中国希望妥善管理分歧，增加合作沟通；而美国则提醒中国不要采取挑战性和有破坏性的举动，这其实就暗指中国的黄岩岛和南海的防空识别区的问题。但至少中美两国都希望可以和平解决现有的问题，美国相较之前措辞也趋于放缓，但是在其他方面，中美依旧没有达成共识。

五　中美战略与经济对话在中美双边经贸和网络安全合作上有实质进展

沈丁立教授：只要本次中美对话中的各项共识及时得以落实，中美双边经贸关系还将继续上升，从而为两国整体关系提供更坚实的基础。

宋国友教授：这次中美战略与经济对话达成了60余项协议，这次协议数量与以往相比不是太多，但是就质量讲确实有很多干货。比如明确6月中旬递交新一次负面清单出价，这有助于BIT尽可能在2016年达成。另外中方给美方2500亿元的RQFII的额度，这将使得中国和美国在货币与金融领域的合作迈入一个新阶段。不能过度夸大这次对话的结果，但是显然这次对话是非常积极和正面的。

沈丁立教授：自两国元首2015年"白宫秋叙"以来，双方的网络关系已有实质改善。自那时以来，两国成立了"反对网络犯罪的高级别联合对话机制"，成功创建了更为有效的对话制度，并就具体案例坦诚交换了意见，从而切实增强了互信，所以目前双方在这一领域的关系正处于几年来最为积极的时刻。未来，双方需要夯实这个新建立的机制，各自兑现承诺，并对对方提出的新的网络攻击的事件及时进行调查、及时给予回应，继续保持良好合作的势头。

韦宗友教授：这次中美战略与经济对话中，网络问题被提到了一个非常重要的地位，中美的网络安全小组已经进行过交流，接下来 6 月 14 日还要开会。在网络安全问题上，习近平主席在访美后双方达成了一些协议，比如禁止黑客对商业机密的窃取，对基础设置不进行黑客攻击，等等。但是中美在网络安全的认识和实践上还存在很多分歧，比如对黑客的看法有所不同。好的方面是，中美都认识到了网络安全的重要性，并且开始着手打开一些制度化的合作渠道来解决可能遇到的问题，防止网络安全成为中美关系发展的另一个绊脚石，也证明了中美在网络安全上的合作还有很大的空间。

中美两国关系重在两国之间的互信交流，所谓"国之交在民之亲"，除了高层交往，民间交往也很重要。在中美民间交流十分密切的同时，中美媒体对对方的妖魔化依旧非常明显，美国的主流媒体基本都是在妖魔化中国。媒体的这种负面报道将使得中美领导人和民众交流的成果付诸东流，极大削弱两国之间的互信和好感，其中媒体责任很大。

沈丁立　复旦大学国际问题研究院副院长

宋国友　复旦大学美国研究中心副主任、教授

韦宗友　复旦大学美国研究中心教授